JN238183

まず、世界観を変えよ

複雑系のマネジメント

田坂広志

Hiroshi Tasaka

英治出版

まず、世界観を変えよ——複雑系のマネジメント

まず、世界観を変えよ。そこから、真の変革が始まる —— 新版まえがき

なぜ、我々は、「複雑な問題」を解決できないのか。

この疑問を抱いている方に、本書を読んで頂きたい。

そして、この疑問に対する答えは、明確です。

我々が、一つの「根本的な誤解」を抱いているからです。

どれほど複雑な問題も、徹底的に「分析」をすれば、必ず解決策が見つかる。

どれほど巨大で複雑な問題も、
それを小さな部分に「分割」し、それぞれを詳細に「分析」し、

最後にそれを「総合」すれば、必ず解決策が見つかる。

我々が、そう信じ込んでいるからです。

しかし、実は、「複雑な問題」は、それを小さな部分に「分割」し、どれほど徹底的に「分析」しても、その解決策は見つかりません。

なぜなら、この世の中には、一つの冷厳な「法則」があるからです。

物事が複雑になっていくと、「新たな性質」を獲得する。

その法則です。

それゆえ、物事を「分析」するために、それを小さな部分に「分割」すると、その瞬間に、獲得された「新たな性質」が消えてしまうからです。

では、その「新たな性質」とは、何か。
そのことを教えてくれる言葉があります。

複雑なものには、「生命」が宿る。

この言葉通り、この世の中のすべての物事は、
複雑になると、あたかも「生き物」のような性質を示し始めるのです。

そして、それゆえ、生きた魚を「解剖」すると「生命」が失われてしまうように、
複雑なものを「分割」し、「分析」すると、
新たに獲得された「生命的な性質」が、消えてしまうのです。

いや、そればかりではない。
「生き物」は、それ自身の「意志」を持つため、自由に操れないのと同様、
物事は、複雑になると、「生命的な性質」を獲得するとともに、
あたかも「意志」を持っているかのように振る舞い始めるため、

それを、自由に「管理」し、「制御」し、「操作」することができなくなるのです。

それが、我々が、世の中の「複雑な問題」を解決できない、根本的な理由なのです。

すなわち、企業や市場や社会などのシステムは、それが複雑になると、必ず「生命的システム」としての挙動を示し始める。

それにも係わらず、我々は、これまで、「複雑なシステム」に直面すると、それが、あたかも「機械的システム」であるかのように、誤解をしてきたのです。

「巨大な機械」と同様、それを細かな部分に「分解」し、それぞれの部分を徹底的に「調査」し、「分析」すれば、その機械の全体を「理解」し、意のままに自由に「操作」できると、誤解をしてきたのです。

では、どうすれば良いのか。

どうすれば、世の中の「複雑な問題」を、解決することができるのか。

その答えは、明確です。

まず、世界観を変えよ。

それが答えです。

すなわち、我々が無意識に抱いている「機械的世界観」。
それを、「生命的世界観」に変えること。
そのことによってのみ、
高度な「複雑系」（complex system）になり、
高度な「生命的システム」（living system）になった
現代の企業、市場、社会に、賢明に処することができるのです。

では、「複雑系」とは、何か。
「生命的世界観」とは、何か。

本書は、そのことを語ったものです。
本書の第一部においては、企業という「高度な複雑系」を取り上げ、「複雑系のマネジメント」に求められる「七つの知」を語りました。
また、第二部においては、まず「生命的世界観」とは何かについて語り、「生命論パラダイムの時代」に求められる「一〇の視点転換」について語りました。

しかし、本書を通じて、著者が読者に伝えたいメッセージは、ただ一つです。

まず、世界観を変えよ。
そこから、真の変革が始まる。

そのメッセージを、いま、様々な分野で「複雑な問題」と格闘し、企業、市場、社会の変革に取り組む、すべての人々に贈ります。

二〇一〇年一月
田坂広志

経営者こそが「知」を語るべき時代 ―― 旧版まえがき

いま、「知」の最先端のキーワードとなっている「複雑系」について、これを「理論的な解説書」としてではなく、「実践的な経営書」として書いてみたいと考えた。

その理由は、何よりも、著者が、「経営」に実践的に携わる立場にあるからであり、「経営者」を補佐して企業戦略を遂行する立場にあるからである。それゆえ、本書は、一般の「複雑系解説書」とは異なった、次の三つの特徴を持っている。

第一に、本書は、「自然科学」の視点からではなく、「経営」の視点から「複雑系」を論じたものである。

現在、書店に並ぶ「複雑系解説書」の多くは、カオス理論や人工生命などの視点から「複雑系」を解説したものであり、経済現象や企業活動の視点から「複雑系」を論じたものは未だ数少ない。そして、経済現象を論じた書籍も、その多くがブライアン・アーサーの「収穫逓増理論」の周辺の議論にとどまっている。しかし、「複雑系」という新しい

「知」が、経済や経営の分野に与える影響は、極めて広く、そして深い。

著者は、本書において、そのことを明らかにしたいと考えた。


第二に、本書は、「複雑系とは何か？」の視点からではなく、「複雑系は何の役に立つのか？」の視点から「複雑系」を論じたものである。

「複雑系」が経済や経営に与える影響を論じるためには、何よりも、「有用性」ということを重視するべきである。たしかに、「複雑系とは何か？」を論じることは、「学問」する立場からは、知的興味溢れるテーマなのだが、経営を「実践」する立場からは、「複雑系が何の役に立つか？」こそが重要なテーマなのである。

著者は、本書において、そのことを論じたいと考えた。


第三に、本書は、「一般読者」の視点からではなく、あくまでも「経営者」の視点から「複雑系」を論じたものである。

「複雑系は何の役に立つのか？」という問いは、「複雑系」という新しい「知」が、我々に与えてくれる「智恵」を深く問うものである。しかし、その「智恵」は、誰よりも「経営者」に対して語られるべきである。なぜならば、その「智恵」の本質は、「身体の知」

「臨床の知」「暗黙の知」とでも呼ぶべきものであり、永年、「経営」という最も進化した「複雑系」の世界に取り組み、その世界の〝絶対矛盾〟と格闘し続けてきた経営者こそが深く体得しており、それゆえ、深く理解することができる「智恵」であるからに他ならない。

著者は、本書において、そのことを伝えたいと考えた。

しかし、これら三つの試みが、成功しているか否かは、読者諸氏の判断に委ねられるべきであろう。著者の未熟さから、思い余りて、筆が足りないことを恐れている。

それでも敢えて、本書を、「経営者への七つのメッセージ」として書かせて頂いた。その理由は、明確である。

二一世紀は、新しい「知行合一」の時代となるからである。

「複雑系」という「知」が、我々に深く教えるものは、二〇世紀における深刻な「病」の一つが、「知と行の分離」という「病」であったことに他ならない。

そのことを理解するならば、二一世紀において、我々は、新しい「知行合一」を実現し、この「病」を癒していかなければならない。

それゆえ、いま、「行」の立場にある経営者こそが、「知」の最先端に関心を持ち、それを深く学び、現実に活かし、そして、その現実との格闘の中で身体化した「智恵」を、生命力溢れる「言葉」にして語らなければならない。

いま、経営者こそが「知」を語るべき時代なのである。

著者は、そのことを信じ、浅学をかえりみず、敢えて拙い筆を取った。

経営者諸兄の寛容なる理解と、そして真摯なる批判を仰ぐ次第である。

一九九七年一月

田坂広志

「複雑系の知」から経営者への七つのメッセージ

「複雑系の知」の誕生

予想以上に早く「複雑系」（complex system）や「複雑性」（complexity）というキーワードがマスメディアに登場した。自然科学における最先端の発見が、人々の日常の価値観に影響を与えるようになるまでに、一〇〇年の歳月を要することも決して少なくないのだが、この「複雑系」という研究領域には、予想を越えた早さで社会からの注目が集められるようになった。

その〝功労者〟は、改めて言うまでもなく、米国ニューメキシコ州にある「サンタフェ研究所」である。これから、多くのマスメディアが、この「複雑系研究のメッカ」の紹介を中心に、雑誌、書籍、テレビ、シンポジウムなどで、「複雑系という新しい理論とは何か？」について取り上げていくだろう。そして、この「複雑系ブーム」の特徴は、それが単に自然科学の分野の「最新トピックス」として脚光を浴びているだけでなく、経済学や経営学などの社会科学・人文科学の分野からも「新しい理論の登場」として、熱い期待を寄せられていることである。

たしかに、この「複雑系」という研究領域の魅力は、経済学や経営学にも極めて有益な知見を与えてくれることである。サンタフェ研究所のブライアン・アーサーの「収穫逓増の理論」は、その一つの具体例であり、これによって、市場における「ロックイン現象」などが、うまく説明できるようになった。

複雑系研究への期待と誤解

しかし、こうしたブームの中で、著者が密かに懸念していることがある。それは、「複雑系」に対する大きな誤解が生まれてくることである。例えば、経済学や経営学における「複雑系ブーム」に刺激されて、経営者の中に、次のような過度の期待が生じることが懸念される。

いわく、「複雑系」という「新しい理論」を用いることによって、これから、

(1) 複雑な市場経済の「法則」(law) が理解できるようになるのではないか?
(2) 不確実な市場の未来が「予測」(prediction) できるようになるのではないか?
(3) 消費者の潜在ニーズが「分析」(analysis) できるようになるのではないか?
(4) ヒットする商品が「設計」(design) できるようになるのではないか?
(5) 企業組織の最適な「管理」(control) ができるようになるのではないか?

といった期待である。

率直に言って、こうした期待は、明らかに大きな誤解にもとづいている。その誤解とは、いま誕生しつつある「複雑系」という魅力的なキーワードが、何かの「新しい理論」であるという誤解である。しかし、この「複雑系」は、むしろ「新しい知のパラダイム」とでも呼ぶべきものである。

「知のパラダイム」とは?

ここで言う「パラダイム」(paradigm) とは、科学史家トーマス・クーンが『科学革命の構造』という著書の中で最初に用いた言葉であるが、その後、彼自身の定義を超え、現在、多くの学問分野において広い意味を伴って使われている用語である。ここでは、参考のため、岩波「広辞苑」の定義を引用しておこう。

一時代の支配的な物の見方。特に、科学上の問題を取り扱う前提となるべき、時代に共通の体系的な想定。天動説や地動説の類。

この広辞苑の定義は、現在、比較的広く受け入れられている定義であるが、本書においては、この定義をさらに拡張し、「物の見方の基本的枠組み」や「物の考え方の基本的発想」と再定義して用いることにしよう。

そして、「複雑系」というキーワードは、この定義と意味において、「新しい知のパラダイム」の名称として誕生しつつある。このことを、まず何よりも明確にしておく必要がある。

「複雑系の知」の誕生

そこで、著者は、この「複雑系」（以下英語訳は「複雑性」の訳である complexity を当てる）というキーワードとともに誕生しつつある「新しい知のパラダイム」を、**「複雑系の知」（complexity knowing）**と命名することを提案する。この名称を用いる理由は、何よりも、この「複雑系」というキーワードが、単なる「新しい理論」ではないことを明確にするためであり、それが、我々が学ぶべき「新しい知のパラダイム」であることを明らかにするためである。

もとより、「複雑系」の研究領域とは、自然科学、社会科学、人文科学のすべての分野にわたる極めて広汎な領域である。それは、ある特定の「理論」や「テーマ」を扱う狭い研究領域ではない。それは、現在、科学の諸分野が共通して直面している「複雑性」という問題を解決するために、「知のパラダイム」の転換を模索しつつある研究領域の総称に他ならない。

「複雑系」は何の役に立つのか？

このように、「複雑系」とは極めて広汎な研究領域である。そのため、もし、「複雑系という新しい研究領域とは何か？」を論じようとするならば、物理学、化学、生物学、情報科学、システム工学、経済学、社会学をはじめとする多くの研究領域の最先端の動向を、膨大な紙数を費やして紹介しなければならない。

しかし、いま多くの人々が求めているのは、そうした説明ではない。「複雑系」に関心を持つ多くの人々が求めているのは、むしろ、「複雑系という新しい考えは何の役に立つのか?」についての説明である。

例えば、「橋」を指差して「これは何か?」と聞く人に、「コンクリートと鉄筋の複合構造物である」と答えることは親切な説明ではない。むしろ「河を渡る手段である」と答えることのほうが親切な説明である。本書においても、そうした説明の方法を採ろう。

おそらく、これから世に出る「複雑系」に関する書籍と論文の多くは、「複雑系という新しい研究領域とは何か?」を論じるものだろう。しかし、本書においては、特に、日常の企業活動に取り組むビジネスマン、とりわけ経営者にとって「複雑系という新しい考えは何の役に立つのか?」を論じようと思う。

経営者こそが理解する「複雑系」

ここで、著者が、特に経営者を対象として「複雑系」について語るのには深い理由がある。それは、「複雑系」という「新しい知のパラダイム」は、本来、経営者こそが最も深く体得しており、それゆえ、経営者こそが最も容易に理解できるからである。

それは、なぜか?

「経営」という世界が、最も進化した「複雑系」であるからである。

それゆえ、この第Ｉ部の題名も「複雑系の経営学」ではなく、「複雑系の経営」とした。もとより「経営」と「経営学」とは似て非なるものである。「経営学」が、一つの企業活動を、財務、人事、組織、資材調達、生産、マーケティング、広報、情報システムなど、様々な専門分野に分けて「研究」する営みであるのに対して、「経営」とは、企業活動を、個々の専門分野に分けることなく、その不可分な全体を一つの「複雑系」として「実践」する営みに他ならない。

それゆえ、その「経営」に取り組んでいる経営者こそが、「複雑系」という「新しい知のパラダイム」を最も容易に理解することができるのである。そして、ひとたびそれを理解したならば、その理解は、「身体的な理解」とでも呼ぶべき深いものとなるだろう。

それが、この第Ｉ部「複雑系の経営」を、あくまでも経営者を対象として書いた理由である。そのことを改めて強調しておきたい。

求められる「経営の発想転換」

それでは、この「複雑系の知」という「新しい知のパラダイム」は、経営者に、何を教えてくれるのだろうか？

それは、まず、何よりも、我々が生きる、この宇宙、地球、自然、社会、市場、企業、という「世界」が、いったい、どのような特性を持つものなのかについて、深い「智恵」を与えてくれる。

そして、そのうえで、「複雑系の知」は、経営者に、「発想転換」の必要性を教えてくれる。

具体的に述べよう。例えば、先に述べた経営者の期待の前提にある、「法則」(law)、「予測」(prediction)、「分析」(analysis)、「設計」(design)、「管理」(control) といった発想そのものが、もはや古い発想となりつつある。言葉を換えれば、これまで、経済学や経営学の領域において、肯定的に用いられ、有効性を発揮してきた、「分析」「設計」「集中」「集積」「規模」「法則」「予測」などのキーワード群が、根本的な発想転換を求められているのである。

この発想転換を抜きにして、これからの「**複雑性の時代**」(**the age of complexity**) において、経済と市場の動向を理解し、企業経営の方向を定めていくことはできない。新しく生まれつつある「複雑系の知」は、経営者に、その発想転換について深く教えてくれるのである。

「複雑系の知」からの「七つのメッセージ」

そこで、本書においては、この「複雑系の知」の本質を、「七つの知」として説明しよう。そのうえで、これら「七つの知」が経営者に教えてくれる発想転換を、「七つのメッセージ」として説明しよう。

まず最初に全体を概観しておこう。これら「七つの知」と「七つのメッセージ」は、それぞれ、次の言葉で表されるものである。

「七つの知」

(1) **全体性の知** 「複雑化」すると「新しい性質」を獲得する。
(2) **創発性の知** 「個の自発性」が「全体の秩序」を生み出す。
(3) **共鳴場の知** 「共鳴」が「自己組織化」を促す。

(4) **共鳴力の知** 「ミクロ」のゆらぎが「マクロ」の大勢を支配する。
(5) **共進化の知** 「部分と全体」は「共進化」する。
(6) **超進化の知** 「進化のプロセス」も「進化」する。
(7) **一回性の知** 「進化の未来」は「予測」できない。

「七つのメッセージ」

(1) **全体性の知** 「分析」はできない、全体を「洞察」せよ。
(2) **創発性の知** 「設計・管理」をするな、「自己組織化」を促せ。
(3) **共鳴場の知** 「情報共有」ではない、「情報共鳴」を生み出せ。
(4) **共鳴力の知** 「組織の総合力」ではない、「個人の共鳴力」である。
(5) **共進化の知** 「トップダウン」でもなく、「ボトムアップ」でもない。
(6) **超進化の知** 法則は「変わる」、そして「変えられる」。
(7) **一回性の知** 未来を「予測」するな、未来を「創造」せよ。

ちなみに、サンタフェ研究所のドイン・ファーマーらは「プレディクション・カンパニー」（予測会社）という名前の企業を興している。しかし、この「予測」という発想そのものが、すでに古い発想になりつつある。著者の予感では、ファーマーらが命名したこの社名も、いつか「懐かしいエピソード」になると思われる。「複雑系の知」とは、サンタフェ研究所自身も、未だ十分に気づいていないほど、深い知の領域なのであるから。

それでは、これから、その知の領域に踏み入ろう。

第1章　「全体性の知」からのメッセージ

「分析」はできない、全体を「洞察」せよ

「複雑系の知」の第一は「全体性の知」（wholeness knowing）である。
この「知」の本質は、次の言葉に象徴される。

「複雑化」すると「新しい性質」を獲得する。

この言葉は、何を意味しているのだろうか？

獲得される「新しい性質」

まず、自然界における例を挙げよう。「水の三態」である。水の分子は、「単一分子」の状態では、温度が変化しても、運動のエネルギーが増大するだけで同じ水分子のままである。これに対して、「数百万分子」が集まった状態では、温度が変化すると「新しい性質」を獲得する。すなわち、摂氏一〇〇度以上では「水蒸気」という気体の性質を示し、零度以下では「氷」という固体の性質を示し、その中間の温度領域では「水」という液体の性質を示す。

また、生物においても、「細胞」が集まると「組織」、「組織」が集まると「器官」、「器官」が集まると「臓器」となるが、それぞれ、上位のものは下位のものとは異なった性質を持っている。

さらに、社会においても、一人ひとりの個人は「理性的」な性質を持っていても、これが数百人から数千人集まると「群集心理的」な性質を示すようになる。また、「消費者」が集まって生まれてくる「市場」も、例えば「ブーム」や「ヒット商品」を生み出すなど、単なる「消費者」の集まりではない独自の性質を示すようになる。

このように、「複雑化すると新しい性質を獲得する」という特性は、宇宙、地球、自然、社会、市場、企業、を問わず、我々の生きるこの「世界」に共通の基本的な特性である。

「分析」という手法の限界

しかし、「世界」がこの特性を持つために、我々は、最近しばしば、これまで〝金科玉条〟としてきた科学的手法の限界に直面している。その最も象徴的な例が、「分析」(analysis)という手法の限界である。

「分析」とは、対象を研究しやすいサイズの小さな部分に「分割」し、それぞれの部分の性質を詳しく調べることによって、対象の全体的性質を理解する手法である。そして、これまで、この手法は、宇宙、地球、自然、社会、市場、企業、などの「概略の姿」を知るためには十分に有効な方法であった。

しかし、自然科学、社会科学、人文科学の発達にともない、この「分析」という手法の「限界」が見え始めてきた。その「限界」とは、一言で言えば、「対象を分割するたびに、大切な何かが失われる」ということである。

すなわち、これらの科学が研究の対象とする、宇宙、地球、自然、社会、市場、企業、などは、本来、「複雑化すると新しい性質を獲得する」という特性を持つため、「分析」という手法によって、それを「分割」した瞬間に、獲得された「新しい性質」が見失われてしまうのである。そのため、「分割」する前の対象の全体像を正確に認識することができなくなるのである。

それは、あたかも、「生きた魚」を解剖し、細かく調べた後、これらを縫いあわせて元の形に戻しても、最初の「生きた魚」の性質は復元できないことに似ている。

「総合」という手法の限界

ここで、読者の中には、「それゆえ、近代科学は、『総合』という手法を生み出したのではないか」と反論をする人がいるかもしれない。しかし、実は、この「総合」(synthesis)という手法も、「分析」という手法と〝同根〟であり、同じ「限界」を抱えているのである。

少しだけ、専門用語で説明することを許していただこう。

近代科学は、これまで、「要素還元主義」(reductionism)と呼ばれる方法を採ってきた。それは、まず、研究の対象を細かい要素に還元し、それぞれの要素を詳しく「分析」した後、これらを「総合」することによって、対象の全体像を理解するという方法である。すなわち、「分析」と「総合」とは、この近代科学の「要素還元主義」を支える基本的認識手法であった。そして、この「要素還元主義」とは、世界を〝巨大な機械〟とみなす「機械的世界観」とともに、近代科学の「デカルト的パラダイム」を支える二つの柱なのである。この「デカルト的」という言葉の意味は、すぐ後に述べよう。

従って、いま我々が直面している「分析」という手法の限界は、必然的に、近代科学の「要素還元主義」の限界を意味しており、さらには、「デカルト的パラダイム」の限界をも意味している。そして、当然のことながら、それは「分析」を前提として成立する「総合」という手法の限界を意味しているのである。

事実、我々は、日常、「総合」という手法の限界にもしばしば直面している。

例えば、最近、大学や研究機関などで「総合」の名称を冠した「学際部門」を設立する動きが盛んである。しかし、その実態は、これまでの「専門部門」が空間的に〝同居〟した組織にすぎない。

なぜ、このようなことが生じるのか？

その根本的な原因は、「総合」という手法が、「分析」した結果の〝足し合わせ〟以上の内容を獲得していないからである。そして、「総合」という手法が、「学際的アプローチ」と言う〝勇ましい掛け声〟にもかかわらず、異なった「専門」の〝組み合わせ〟以上の内容を獲得していないからである。

「分析」と「総合」を超える「身体性の知」

従って、もし、研究者が、こうした「分析」と「総合」という手法の限界を超え、真に「学際的アプローチ」を行おうと考えるならば、その研究者に深く求められるものがある。それは、これまでの「専門分野」の境界に牢固として築かれた「垣根」を取り払い、「分析」という手法によって失われた「何か」を再発見し、「総合」という手法によっては見出せない「何か」を発見するための〝悪戦苦闘〟を覚悟することである。そして、それは、おそらく〝知の格闘技〟とでも呼ぶべきものとなることは必定である。

この「複雑系」のブームのなかで、米国のサンタフェ研究所にあやかって、「日本型サンタフェ研究所」を設立する動きが出始めているが、そもそも、本家のサンタフェ研究所から真に学ぶべきは、この「学際的アプローチ」という〝知の格闘技〟に挑む精神であり、情熱である。この精神と情熱なくして、ただ様々な専門分野の研究者を寄せ集めて類似の研究所を設立したところで「仏作って、魂入れず」になることは明らかである。いかに〝優秀〟であっても、自己の狭い専門分野にこだわる研究者が集まっただけでは、何も起こらない。

これまでも、天動説から地動説へのパラダイム転換など、「新しい知のパラダイム」を切り拓いてきたのは、「それでも地球は動いている」との不屈の言葉を残したガリレオ・ガリレイのように、知性という意味での優秀さだけでなく、新たな知のフロンティアへ挑戦する不屈の精神と不断の情熱を持った研究者であった。そのことを思い起こさなければならない。

そして、これから、我が国に「複雑系の知」の広大な原野を開拓していく研究者が現れるとするならば、それは単なる「頭脳の知」を備えた研究者ではなく、「身体性の知」(somatic knowing)を有した研究者であろう。なぜならば、「複雑系の知」の本質は、「身体性の知」によってしか理解できないものだからである。そして、そのことが、経営者こそが「複雑系の知」を理解することができると論ずる理由である。経営者が日々の経営の実践の中で「体得」している智恵は、まさに「身体性の知」と呼ぶべきものに他ならない。

この「身体性の知」の獲得を通じてこそ、我々は、「分析」と「総合」という手法の限界を打ち破り、要素還元主義を超え、近代科学のパラダイムを転換していくことができる。そして、それこそが、二一世紀に向けて、我々が取り組んでいくべき、最も重要な課題である。

「全包括主義」への期待

しかし、実は、「複雑系」などという新しいキーワードが出現するはるか以前から、この課題は、「解決されるべき課題」としては十分に認識されていたのである。それは、次のような認識であった。ふたたび、専門用語で語ることを許していただこう。

(1) 近代科学は「デカルト的パラダイム」に立脚しており、対象を細かな要素に還元して研究する「要素還元主義」の方法論を採ってきた。

(2) この要素還元主義は、「全体は部分の総和である」との認識を前提としており、対象を要素に還元して個別に分析し、その後、これらの分析結果を総合することによって、対象の全体像を認識しようとするものであった。

(3) しかし、科学の進歩にともなって、「全体は部分の総和以上の何かである」「対象を分割することによって失われる何かがある」との認識が深まり、要素還元主義の限界が問われはじめた。

(4) 従って、現代科学は、この要素還元主義という方法論を超える、新しい方法論を確立しなければならない。

(5) その方法論とは、対象を細かな要素に還元することなく、「ありのままの全体」として認識する「全包括主義」（wholism）の方法論である。

すなわち、こうした認識のもとに、我々は、まさに、その「全包括主義の方法論」が見出せないという壁に直面してきたのである。

この点を指摘して、ある知識人は、「要素還元主義は明確な『方法論』であるが、全包括主義は『メタファー』（隠喩）にすぎない」との厳しい批判を述べている。要するに、要素還元主義は、様々な限界はあるものの「役に立つ」ということであり、全包括主義は、ものごとを「ありのままの全体」として認識するという理念は高邁であるが、具体的に役に立つ方法論が無い、という批判である。

いま、多くの知識人や研究者にとって、この「複雑系」の研究が魅力的に映る理由は、まさに、この研究から、これまで渇望していた「全包括主義の方法論」が生まれてくるのではないか、との期待を抱かせる点にある。

「デカルト的パラダイム」の呪縛

しかし、ここでも、敢えて著者の率直な意見を述べておこう。事態は、これら多くの知識人や研究者の期待する方向には進まないだろう。

それは、なぜか？

これらの期待が、未だ無意識に「デカルト的パラダイム」の呪縛に囚われているからである。多くの知識人や研究者が、新しい「複雑系の知」に、古い「デカルト的パラダイム」の「方法論」を期待しているからである。

ルネ・デカルトが著した『方法序説』は、近代科学の誕生の記念碑とも言える古典であるが、そこでは二つのことが前提とされている。第一は、科学的な方法によって認識されるべき「世界」が、我々から独立して客観的に存在しているということであり、第二は、その「世界」の背後には、絶対不変の「普遍的法則」が存在しているということである。

しかし、いま「複雑系の知」が明らかにしようとしているのは、「世界」は、こうしたデカルト的な「方法論」によって認識され得る「世界」ではないという冷厳な事実である。「世界」は、我々から独立して客観的に存在しているわけでもなければ、その「世界」の背後に、絶対不変の「普遍的法則」が存在しているわけでもない。いま「複雑系の知」が明らかにしつつある「世界」の真実の姿とは、本質において、このような姿なのである。

従って、「複雑系」の研究が進み、いつの日か、「全包括主義の方法論」が見出され、自然、社会、人間を含む「多様」で「複雑」なこの世界を「統一的」に説明できる原理が発見されるのではないか、との知識人や研究者の期待は裏切られる宿命にある。

創造的に進化する「世界」

誤解を恐れずに言うならば、「複雑系の知」が明らかにしつつあるのは、この「世界」は「創造的進化」を遂げ続ける世界であるという深遠な事実なのである。すなわち、我々の生きる、この宇宙、地球、自然、社会、市場、企業などの「世界」は、常に「複雑化」し、「新しい性質」を獲得し、それまでとは全く異なった存在へと「進化」し続けていく世界なのである。

それゆえ、この「世界」の「普遍的法則」を認識しようとする近代科学の「方法論」の試みは、常に虚しい試みに終わることが宿命づけられている。

再び誤解を恐れずに言えば、近代科学の「方法論」の試みは、あたかも、創造的な画家の生涯の作風の変遷を、その若い時期の作風から予測しようとする試みに似ている。次々と自己の過去の作風を破壊し、全く新しい作風を生み出し、どこまでも創造的に絵を描き続けていく画家の、その未来の作風を予測することはできない。同じように、我々は、「法則」そのものを新たに創造し続け、「創造的進化」を遂げていく世界の、「普遍的法則」を認識することはできないのである。少なくとも、「デカルト的パラダイム」の「方法論」によっては……。

しかし、このことを詳しく述べることは第六章「超進化の知」に譲ろう。

「洞察」という手法の復活

それでは、「デカルト的パラダイム」の「分析」と「総合」という手法を超えるものとして、果たして、いかなる手法が在り得るのだろうか。言葉を換えれば、「複雑系の知」による認識の手法として、いかなる手法が生まれてくるのだろうか？

著者の考えを率直に述べよう。「洞察」(insight)という手法が復活してくるだろう。「洞察」と呼ばれる古典的な手法が、新たな生命力と豊かな内容を獲得し、現代的な手法へと生まれ変わってくるだろう。すなわち、「複雑系の知」による認識の手法は、対象を「部分」に切り刻むことなく、その「ありのままの全体」を「洞察」によって把握する手法となっていく。そして、その手法は、すでに述べたように、「身体性の知」に立脚したものとなっていく。

著者は、なぜ、そう考えるのか？

現代の科学と技術の発達が、この「洞察」という古典的な手法に、新たな生命力と豊かな内容を与えようとしているからである。

「仮想体験」の与える「洞察」

一例を挙げよう。現在、急速な発達を遂げている「コンピュータ・シミュレーション」の分野と「コンピュータ・グラフィックス」の分野は、新しい「仮想現実」（virtual reality）の分野を生み出しつつある。この「仮想現実」は、人間に対して視覚、聴覚、触覚、体感などの「身体性」を伴った「仮想体験」を可能にする技術である。そして、我々は、この中で「仮想体験」したことから、非言語的な「知」を獲得し、深い「洞察」を得ることができるようになっていく。それは、おそらく、これまでの「言語と論理」や「分析と総合」という手法を超えた、全く新しい「知」の獲得手法となっていくだろう。

例えば、アポロ計画において実際の月面着陸を経験した、ある宇宙飛行士は、「月面着陸のとき、地球での着陸シミュレータでの体験と全く同じだと感じた」と述べている。こうした「月面着陸のシミュレーション」による「仮想体験」という手法は、言語で書かれた「月面着陸マニュアル」などとは根本的に異なり、「体験」と「洞察」による、全く新しい「知」の獲得手法であったと言える。

このように、「洞察」という古典的な手法が、近年の「コンピュータ技術」の急速な発達と「複雑系」の研究の進展を背景として、現代的な手法として生まれ変わってくるだろう。

「分析」を通じての「洞察」

こうして、「複雑系の知」の認識手法としては、「洞察」という古典的な手法が新たな生命力を持って復活してくるが、この手法は、言語と論理による「ロゴス」の世界にいる知識人や研究者よりも、むしろ熟練の経営者にとってなじみやすいものである。なぜならば、熟練の経営者ほど、「分析」や「総合」という手法の限界を実感しており、そのうえで、これらの手法の限界を超える「洞察力」を身につけ、その欠点を補完する努力を行っているからである。

まず、熟練の経営者は、「分析」という手法によって見出された「何か」だけでなく、見落された「何か」を知るための努力を行っている。一例を挙げよう。こうした経営者は、市場ニーズについての消費者アンケート調査の「分析結果」を聞くとき、意識的にも無意識的にも、そのアンケート調査という「分析手法」の限界のために見落された「何か」を掴むための努力をしている。例えば、アンケート調査という手法は、設問の表現によって、回答者の回答内容を意図せずして誘導してしまうことがある。こうしたことを理解しているだけで、その「分析」によって見落された「何か」に対する洞察が与えられる。

このように、熟練の経営者は、永い実務経験を通じて、様々な「分析手法」の有効性や特長とともに、その限界や問題点をも深く把握している。

「総合」を通じての「洞察」

また、熟練の経営者は、「総合」という手法を、単なる「分析結果」の〝足し合わせ〟に終わらせない。様々な「分析結果」を互いに照らし合わせることによって、新たな「何か」を見出すための努力を行っているのである。これも一例を挙げよう。こうした経営者は、何かの案件について検討するとき、たった一人の専門スタッフの意見には頼らない。

特に、会議などにおいては、様々な専門的立場のスタッフからの意見を積極的に引き出し、これらを意図的に闘わせることによって、新たな「何か」を洞察するための努力をしている。また、熟練の人事部長は、若手社員達を昼食に誘い、その雑談において語られる何気ない話題の中から、それぞれの職場の雰囲気を洞察している。この人事部長は、人事評価システムという手法の長所とともに、それがどのような情報を見落すかという限界についても良く理解しているからである。彼は、こうした異なった手法を意識的に援用することによって、正規の人事評価システムによっては把握できない情報を把握している。

近年、「マネジメントにおける質問力」が注目されているが、その本質は、経営者から専門スタッフへの「質問」を通じて、特定の分析手法の限界を把握させ、様々な専門的知見や分析結果を相互に参照させる力量に他ならない。こうした「質問」と「対話」を用いるマネジメント手法は、極めて深みのある手法であり、古くはソクラテスの「弁証法」として知られる、「対話」によって深い真理を洞察していく手法にも通じるものである。

「観察」による「洞察」

しかし、熟練の経営者は、こうした「分析」と「総合」の欠点を補完する認識手法だけでなく、ものごとの「ありのままの全体」を「観察」するという手法によっても「洞察」を得ることができる。

例えば、こうした経営者は、市場の動向を把握するために、シンクタンクやコンサルタントを使った「市場調査」や「市場分析」のみに頼らない。むしろ、ブラブラと街を歩き、「タウンウォッチング」とでも呼ぶべき広い観察の行為を通じて、市場の変化を直感的に洞察する。

また、こうした経営者は、「ＭＢＷＡ」（Management By Wandering Around）という方法を活用する。職場を徘徊（wandering around）しながら、スタッフと雑談をし、職場全体の雰囲気を観察することによって、その職場に潜在する問題点を直感的に洞察するのである。

「臨床の知」そして「暗黙の知」

こうした「ありのままの全体」すなわち「全体性」（wholeness）を洞察する能力は、「永年の現場体験を通じて獲得される智恵」であるという意味において、哲学者中村雄二郎の語る「臨床の知」（fieldwork knowing）であり、「言葉によっては語り伝えることができない智恵」であるという意味において、マイケル・ポランニーの語る「暗黙の知」(tacit knowing) である。そして、経営者の洞察力は、この二つの「知」によって支えられている。幸い、最近では、経営学の領域においても、これらの「臨床の知」や「暗黙の知」について盛んに議論されるようになってきた。しかし依然として解決できない問題は、「これら『臨床の知』や『暗黙の知』などの『非言語の知』を、いかにして伝えることができるか?」という問題である。

「非言語の知」を伝える三つの方法

このテーマについて真剣に論じるならば、まさに「暗黙知の経営」と題する一冊の本が書けるが、ここでは、三つの基本的方法だけを提示しておき、この論の全面的な展開は、後日、一冊の本を上梓する機会に譲りたい。

この三つの方法のキーワードは、「生きた言葉」「物語」「体験」である。

では、なぜ、この三つのキーワードなのか。

それは、古来、「臨床の知」や「暗黙の知」などの「非言語の知」を伝えるには、三つの方法しかないと言われてきたからである。それは「否定法」「隠喩法」「指示法」の三つである。

「否定法」とは、言語で表し得ないものを言語で表すために極限の努力を行い、これを次々と否定することを繰り返す方法である。禅における「不立文字」の思想や「公案」の修行は、この方法の一つである。そして、この際、「生きた言葉」で語る努力が重要になるのは、それが、まさに、言語で表すための極限の努力を意味しているからに他ならない。

「隠喩法」とは、含蓄のある隠喩を用いて、この「非言語の知」を伝える方法である。「物語」とは、そうした方法の一つである。メタファー（隠喩）に富んだ優れた「物語」を紡ぎだし、それを語ることによって、「非言語の知」を伝えることができる。

「指示法」とは、身体的な体験を直接的に与えることによって「非言語の知」を体得させる方法である。「体験」を与えることに優る方法は無い。しかし、既に述べたように、現代の科学技術は、「シミュレーション」や「仮想体験」の優れた技術を生み出している。これを活用することによって、この「指示法」が新たな生命力を獲得すると思われる。

以上が、「非言語の知」を伝える三つの基本的方法であるが、これらについては、本書第二部「二一世紀の知の潮流　生命論パラダイム」において、「コスモロジー原理」「メタファー原理」「フィールドワーク原理」という三つの原理として述べている。このテーマに興味を持たれる読者は参照していただきたい。

「複雑系の知」第一のメッセージ

要するに「全体性の知」とは何か？

それは、これまでの「要素還元主義」の認識手法であった「分析」と「総合」の限界を超えて対象を理解するための智恵である。

それは、対象を分割することによって大切な「何か」を失うことなく、対象の「ありのままの全体」を理解する智恵である。

それは、対象の本質を直感的に把握する「洞察」という古典的な認識手法への「回帰」であり、同時に、現代の先端技術が生み出す仮想現実や仮想体験を通じて「進化」していく認識手法である。

それは、「現実の体験を通じてしか得ることができない智恵」という意味においては「臨床の知」であり、「頭脳による理解ではなく体で掴みとるしかない智恵」という意味において「身体性の知」であり、「言語によっては伝えることのできない智恵」という意味においては「暗黙の知」である。

それゆえ、この「全体性の知」が経営者へ伝える第一のメッセージは、次の言葉に他ならない。

「分析」はできない、全体を「洞察」せよ

「設計・管理」をするな、「自己組織化」を促せ

「複雑系の知」の第二は「創発性の知」（emergence knowing）である。
この「知」の本質は、次の言葉に象徴される。

「個の自発性」が「全体の秩序」を生み出す。

この言葉は、何を意味しているのだろうか？

「人工生命研究」の洞察

サンタフェ研究所のクリス・ラングトンが創始した研究領域に、「人工生命」（artificial life）という研究領域がある。この人工生命とは、コンピュータの中に創り出された人工的な生命や生態系のことであるが、これを観察することによって、生命や生態系の本質についての洞察を得ることができる。

すなわち、この人工生命とは、第一章「全体性の知」において述べた、「分析」や「総合」により対象の性質を理解する手法ではなく、「シミュレーション」により対象の本質を「洞察」する手法の一種であり、まさに、「複雑系の知」の認識手法であると言える。

この人工生命の研究において、極めて興味深いシミュレーション例が報告されている。これはクレイグ・レイノルズによって行われたものであり、「鳥もどき」という意味の「birdoid」と名づけられた「鳥の群れの挙動」に関するコンピュータ・シミュレーションである。このシミュレーションが興味深いのは、一羽一羽の鳥に、次の三つの行動規則を与えておくだけで、これらの鳥が、秩序だった「群れ」としての振る舞いを示すという事実である。

(1) 近くの鳥が数多くいる方向に向かって飛ぶ。
(2) 近くにいる鳥達と飛行の速さと方向を合わせる。
(3) 近くの鳥や物体に近づき過ぎたら離れる。

すなわち、一羽一羽の鳥（個）に、これだけの簡単な行動規則を与えておくだけで、結果として、これらの鳥の群れ（全体）は、あたかも「集団の意思」があるかのように、一定の秩序を持った群れを形成するのである。

このように、「個」に簡単な行動規則を与えておくだけで、「全体」が一定の秩序立った挙動を示すという現象は、人工生命などのコンピュータ・シミュレーションだけでなく、多数の「ミニチュア・ロボット」を使った実験においても観察されている。そして、こうした「個の自発性」による行動が、結果として「全体の秩序」を形成するという現象は、自然界においても、アリの集団をはじめとして、広く見出されるのである。

「創発性」という特性

このように、「個」が一定の規則にもとづいて「自発的」に活動するだけで、「全体」が自然に秩序や構造を形成するという特性を、「複雑系の知」においては「創発性」と呼んでいる。この特性は、第一章「全体性の知」において述べた「複雑化すると新しい性質を獲得する」という特性の別な側面でもある。

しかし、ここで注意しておくべきことがある。この「創発性」というプロセスは、「個」の挙動が「全体」の性質を「ボトムアップ」的に生み出していくプロセスとともに、ひとたび生まれた「全体」の性質が、「個」の挙動に影響を与える「トップダウン」的なプロセスも意味していることである。「創発性」の持つ、この「トップダウン」の側面については、第五章「共進化の知」において述べよう。

こうした「創発性」のプロセスは、自然現象や生命現象だけでなく社会現象や経済現象においても、広く見出される。

社会現象の例としては、最近の「阪神大震災」において、あの大災害の混乱の直後にもかかわらず、多くの被災者の人々と駆けつけたボランティアの人々が、あくまでも自発的に行動しつつ、全体として無用の混乱を起こすことなく秩序だった救援活動を行うことができた例が挙げられる。

また、経済現象として最も良く知られている例は、かつて、アダム・スミスが「神の見えざる手」として論じた市場の性質がある。これは、個々の消費者が、その欲望に従って一定の規則のもとに「自発的」に行動するだけで、市場は秩序立った安定と均衡に到達するという考えであるが、これは、ある意味では「消費者」（個）と「市場」（全体）の持つ「創発性」を論じたものに他ならない。

「開放系」の未来

しかし、ここで「ある意味では」とつけ加える理由は、「アダム・スミスの思想」と「複雑系の知」とは、ある一点において決定的に異なるからである。その相違とは、アダム・スミスが、いずれ必ず「市場の均衡」が実現されるという意味での「予定調和論」の立場に立っていることである。しかし、「複雑系の知」は、この「予定調和論」の立場には立たない。

なぜならば、「複雑系の知」が教えるものは、「未来は開放系である」という思想であるからである。「未来」とは、文字どおり「未だ来らず」であり、その「結果」は誰も定めておらず、何も定まっていない。それが「複雑系の知」が我々に教える重要なメッセージに他ならない。このことの意味は、第七章「一回性の知」で再び述べよう。

それゆえ、「複雑系の知」により生まれてくる新しい経済学は、これまでの伝統的経済学のように「市場の均衡」を論じるものではなく、むしろ「市場の進化」を論じるものとなるだろう。

例えば、いま、グローバルネットワークである「インターネット」を舞台として生まれつつある「エレクトロニック・コマース」（電子商業空間）は、まさに、この「進化した市場」としての姿を現しつつある。言葉を換えれば、このエレクトロニック・コマースは、従来の市場に比べて「複雑系」としての性質をさらに強く持った市場であり、その市場で成立する経済法則と市場原理は、これまでの経済学の教科書を塗り替えるものとなるだろう。この点については、第六章「超進化の知」において述べよう。

「自己組織化」というプロセス

こうした様々な例からも理解されるように、自然や生命、社会や市場には、「個の自発性」が「全体の秩序」を自然に生み出すという創発的な特性があるが、これは言葉を換えれば、この「世界」に、「自己組織化」（self organization）のプロセスが存在しているということに他ならない。

このことを理解したとき、これまでの「設計」（design）という発想の限界が見えてくる。

「設計」という発想は、まず、「全体」のあるべき姿に関する詳細な「設計図」を作成し、この設計図に合わせて「個」を「全体」の中に位置づけ、配置していくことによって「秩序」や「構造」を創り出すという発想である。こうした発想は、言うまでもなく、人間が「機械」を作るときの「工学的発想」に他ならないが、問題は、こうした発想を、「社会」や「企業」に適用するときに生じる。

これまでも、「社会工学」「組織デザイン」「ビジネス・プロセス・リエンジニアリング」などの言葉がブームになった時期があったが、いずれも、社会や企業を〝巨大な機械〟のごとくみなす発想である。もとより、こうした工学的発想にも一定の有効性はあるのだが、一方で、こうした発想の限界も良く見えてきている。

このことについても、経営の現場を深く知る経営者こそが、実感的に理解できることである。理論的にいかに理想的な組織を「設計」しても、結果がその通りにならなかった失敗例は枚挙にいとまが無い。それゆえ、経営の現場においても、新しい組織づくりの発想が求められているのである。

「基本プロセス」からの変革

「創発性の知」は、これに対して、「自己組織化」のプロセスの重要性を教える。すなわち、企業組織の理想像を「組織デザイン」という形でトップダウン的に示して、これを実現するのではなく、企業組織の中の情報共有、意思決定、協働作業などの「基本プロセス」を変えることによって、組織の自己組織化のプロセスを促していくのである。

一例を挙げよう。最近注目されている「電子メール」である。この電子メールを導入し、組織の中での「情報共有」の基本プロセスを活性化するだけで、企業は、これまでの形骸化した組織の垣根を打ち壊す方向へと自己組織化を始める。そして、この自己組織化の結果生まれてくるスリム化された組織こそが、真の意味での「フラット組織」である。

経営者は、こうした基本プロセスの変革を行うことなく、フラット組織をトップダウンで導入してはならない。「情報共有」の業務プロセスと企業文化が健全に育まれていない企業において、旧来の「組織設計」の発想で、トップダウン的に形だけのフラット組織を導入することは、ただいたずらに混乱を生み出すだけである。

経営者が、もし企業組織を変革したければ、むしろ、それを自己組織的に進化させるという発想を持つべきである。そのためには、まずはじめに、基本プロセスの変革をこそ行うべきであり、それによって自己組織化を促すことである。そのうえで、「企業の進化」が「共進化」のプロセスであることを深く理解するべきである。

「共進化プロセス」としての経営

例えば、「企業の情報化」というテーマを取り上げてみよう。ひとつの企業が「情報化された企業」へと進化するためには、単に「情報システム」を導入するだけでは不十分である。たとえ〝一人一台パソコン〟を実現し、これらをネットワークで結び、全員に統合ソフトウェアを配布しても、企業は「情報化」された企業にはならない。

まず、「情報システム」の導入と同時に、「業務プロセス」のリエンジニアリングが必要である。情報共有のための情報伝達経路を簡素化することや、意思決定における稟議方式を簡略化することなどが必要となる。なぜならば、一つの企業おける「情報システム」と「業務プロセス」は、互いに影響を与え合いながら「進化」するからである。優れた「情報システム」が無ければ、優れた「業務プロセス」は生まれてこない。逆に、優れた「業務プロセス」が無ければ、優れた「情報システム」を構築することはできないからである。

こうした互いに影響を与え合いながら進化していくプロセスを、「複雑系の知」においては「共進化」（co-evolution）と呼ぶが、実は、企業における全てのプロセスが、この「共進化」のプロセスなのである。

従って、いま述べた、「情報システム」と「業務プロセス」の共進化のプロセスは、さらに視野を拡大すれば、これに「企業文化」を加えた三者での共進化のプロセスであることが理解される。そして、近年、〝情報化三年計画〟などの掛け声のもとに、多額の投資をし、最先端の「情報システム」を導入し、「業務プロセス」の改革を行った企業が、それでも「壁」に突き当たっている例を見かけるが、その原因は、多くの場合、この「企業文化」にある。

例えば、社員の中にある「情報囲い込み」の文化を変えることなく「情報共有」を進めることはできない。「個人のリスク回避」の文化を変えることなく「意思決定」を迅速化することはできない。「ボランティア」の文化を育むことなく「協働作業」を活性化させることはできないのである。従って、経営者は、企業の「情報化」を進めるとき、少なくとも、この「情報システム」「業務プロセス」「企業文化」の三つの共進化を視野に入れて、これを進めていく必要がある。

ここで「少なくとも」と表現する理由は、先にも述べたように、企業における全てのプロセスが、この共進化のプロセスであるからである。本来、「企業の進化」を真剣に考えるならば、この「共進化」の視野に入れるべきプロセスは、さらに多くある。そして、もしここで、経営者から「先の三つのプロセスに加えて、次に視野に入れるべき進化のプロセスを、もう一つだけ挙げるとしたら、それは何か？」との質問が出されるならば、著者は躊躇なく答えたい。

それは、「経営者自身の進化のプロセスである」と。

「企業文化」という最高の経営資源

ひところ経営者を魅了した言葉に「ゼロベースの改革」という言葉があった。これは、永年にわたって様々な病弊を蓄積した企業組織を、一度「ゼロ」に戻し、その「ゼロベース」のうえに、全く新たに「望ましい組織」を設計し、構築し、管理するという発想である。これは、言わば「設計・管理」の発想と言えるが、「創発性の知」は、こうした発想の限界を教えてくれる。

改めて言うまでもなく、「企業」とはひとつの〝生き物〟であり、〝機械〟のように、意のままに「設計」し、「管理」できるものではない。何よりも、そこには、希望や理想そして欲望や感情をもった「人間」が存在し、「企業の文化」や「職場の空気」という高度で複雑なものを創り出し、活動している。

そして、企業の「組織デザイン」「情報システム」「業務プロセス」をゼロベースで変革することは可能だが、「企業の文化」や「職場の空気」を変えることは極めて難しいのである。それゆえ、これまで「経営学」の分野において、「組織デザイン」「情報システム」「業務プロセス」の変革に関する卓抜な手法は数多く生まれてきたにもかかわらず、「企業の文化」や「職場の空気」の変革に関する優れた手法は生まれてこなかったのである。

しかし、これからの時代において活躍する企業の条件は、何よりも、優れた「企業文化」を持っていることになるだろう。さらに言えば、この「企業文化」は、これからの企業にとって、最高の「経営資源」であり、最強の「コア・コンピタンス」(核心的競争力)になっていくだろう。

それは、なぜか?

「智本主義の時代」がやって来るからである。「知識資本主義の時代」と言ってもよい。この時代における最大の経営資源は、「智恵」であり「知識」である。そして、その「智恵」と「知識」を生み出していくのは「人間」であり、その「人間」を活かすのが「企業文化」だからである。

経営者に問われる「哲学と思想」

それでは、いかにすれば、この「企業文化」を変革することができるのか？　この問いに対する安易な答えは無い。しかし、もし、経営者が、真剣に「企業文化」を変革しようと考えるならば、まず行うべきことは、経営者自身の「知の在り方」を変えることである。経営者が、自らの「知の在り方」を変えることなくして、「企業文化」を変えることはできない。

ここで言う「知の在り方」とは、しばしば言われる「経営者の意識改革」のことではない。それについては、すでに多くの議論が溢れている。いまさら付け加えて語るべきことは無い。

著者が指摘しているのは、あくまでも「知の在り方」である。すなわち、新しい時代に向けて、経営者が自己変革するべきは、何よりも、自らの「哲学」であり「思想」なのである。その「哲学と思想」とは、言葉を換えれば、新しい時代に求められる「知のパラダイム」である。経営者自らが、その「知のパラダイム」の転換を行うことなく、新しい時代の「企業文化」を創りあげていくことはできない。

例えば、インターネット革命がもたらす「知のパラダイム転換」について理解することなく、このインターネット革命の時代に適応した「企業文化」を生み出していくことはできない。それにもかかわらず、残念ながら、いまだに「インターネット革命」の本質を「情報通信革命」の次元でしか理解していない経営者が少なくないのである。このことは、第三章「共鳴場の知」においてもう一度述べよう。

いま、経営者には、自らの「知の在り方」が問われているのである。そして、そのことが、著者が「複雑系の知」という新しい時代の「知のパラダイム」に関する本書を、「経営者への七つのメッセージ」と題して上梓した理由に他ならない。いま、企業において最も「進化」しなければならないのは、何よりも経営者の「知のパラダイム」であり、誰よりも経営者自身なのである。

「複雑系の知」第二のメッセージ

要するに「創発性の知」とは何か？

それは、これまでの「機械的世界観」の特徴である、「設計」や「組立」、「制御」や「管理」という発想の限界を超える智恵である。

それは、「生命的世界観」にもとづき、企業組織のもつ「生命力」が開花する条件を整えることによって、その「自己組織化」と「進化」を促していく智恵である。

それは、企業組織の「望ましい構造」をトップダウン的に設計するのではなく、企業の中の「望ましいプロセス」を促進することにより、ボトムアップ的に組織を変えていく智恵である。

それは、欧米の経営においては、「卵を孵化させる」の意である「インキュベーション」と呼ばれる手法の根底にある智恵である。

それは、我が国の経営においては、「卒啄《そったく》の機」などの言葉に象徴される知恵であり、古来、東洋思想の伝える「自然《じねん》」に通じる知恵である。

それゆえ、この「創発性の知」が経営者へ伝えるメッセージは、次の言葉に他ならない。


「設計・管理」をするな、「自己組織化」を促せ。

第3章　「共鳴場の知」からのメッセージ

「情報共有」ではない、「情報共鳴」を生み出せ

「複雑系の知」の第三は「共鳴場の知」（coherence field knowing）である。

この「知」の本質は、次の言葉に象徴される。

「共鳴」が「自己組織化」を促す。

この言葉は、何を意味しているのだろうか？

イリヤ・プリゴジンの「散逸構造理論」

第二章「創発性の知」において、「設計・管理をするな、自己組織化を促せ」との経営者へのメッセージを述べたが、それでは、企業において「自己組織化」を促すためには、どのようにすればよいのだろうか？

この問いに答えてくれるのが、本章において述べる「共鳴場の知」である。すなわち、冒頭に掲げた「共鳴が自己組織化を促す」という言葉にあるとおり、企業の中に「共鳴」が生じる「場」を生み出すことが、自己組織化を促すための最も有効な手法である。

それでは、ここで言う「共鳴」とは、果たしていかなるものなのだろうか。この問いに答えるために、「自己組織化」の研究で、しばしば引用される例を挙げておこう。これは、自己組織化の研究業績でノーベル化学賞を受賞したイリヤ・プリゴジンが引用している例である。

いま、鍋の底に水を張り、この鍋を底面からガスバーナーなどで加熱した場合を想定しよう。この場合、鍋の底面の温度が上がるにつれ、最初は、底面に細かな気泡がランダムに現れ、これらの気泡が徐々に成長していく。そして、この水の温度が、さらに上昇し、ある臨界温度を超えると、突如、「自己組織化」が生じる。すなわち、鍋の底面には、あたかも〝蜂の巣〟のような幾何学模様の秩序だった「気泡構造」が生み出されるのである。

この現象は、我々が日常しばしば観察する、ありふれた自己組織化現象であるが、この自己組織化のプロセスを深く解明し、ブリュッセル学派を率いて「複雑系」の研究のフロンティアを開拓したのが、他ならぬイリヤ・プリゴジンである。そして、彼がノーベル賞を受賞した「散逸構造理論」は、この自己組織化のプロセスが成立するための基本条件を明らかにした、極めて価値ある理論である。

「自己組織化」の三つの条件

彼は、この理論の中で、自然現象において自己組織化が生じる条件として、次の三つの条件を挙げている。

(1) 外部との開放性。
(2) 非平衡な状態。
(3) ポジティブ・フィードバックの存在。

少し専門的な用語で説明することを許していただこう。第一の「外部との開放性」とは、そのシステムの内部と外部の間でエネルギーと物質の出入りがあるという意味であり、そのため、そのシステム内で生成したエントロピーを外部に放出できるという意味である。第二の「非平衡な状態」とは、熱力学的な平衡状態から遠く隔たっているという意味であり、そのため、プロセスが強い「非線形性」を示すという意味である。第三の「ポジティブ・フィードバックの存在」とは、ある化学反応が生じると、それがますます加速される「自己触媒」のプロセスが存在するという意味である。

この「散逸構造理論」は、厳密には、物理化学的な現象を対象とした理論としてプリゴジンは提唱したのであるが、この理論における「自己組織化の三条件」は、単に物理化学的な現象だけでなく、広く自然現象、生命現象、社会現象において観察される自己組織化のプロセス全般に適用可能な深みを持っている。

特に、第三の「ポジティブ・フィードバックの存在」という条件については、その条件を論じた最も著名な例が「複雑系」の研究の中に存在する。他ならぬサンタフェ研究所のブライアン・アーサーが提唱する「収穫逓増理論」である。

この理論は、市場において、特定の商品や技術が市場を独占的かつ固定的に制覇してしまう「ロックインの成立」の現象をはじめ、「デファクトスタンダードの形成」「ブームの発生」などの現象が生じるプロセスを説明したものであるが、この「収穫逓増」(increasing return)という概念そのものが、「ポジティブ・フィードバック」(positive feedback)と同義語である。その違いは、前者が経済学用語であるのに対して、後者が工学用語であるということに過ぎない。

「コヒーレンス」(共鳴)というプロセス

このように、「ポジティブ・フィードバック」は、広く自然現象、生命現象、社会現象において自己組織化が生じるための重要な条件であるが、この条件に関連して、プリゴジンは、「コヒーレンス」(coherence)という言葉を用い、次のように語っている。

平衡状態において、分子は隣の分子だけを見ているが、非平衡状態においては、分子は系全体の分子を見ている。そして、非平衡状態において、これらの分子が〝コヒーレンス〟(共鳴)を起こしたとき、自己組織化が生じる。

ここで、「コヒーレンス」とは、通常、専門用語では、「干渉性」と訳されているものであるが、著者は、ここでは敢えて「共鳴」という意訳を用いている。自己組織化のプロセスにおける「コヒーレンス」の役割を論じる場合、「干渉性」という言葉よりも、この「共鳴」という言葉のほうが、よりその本質を表しているからである。

さて、それでは、このプリゴジンの言葉は何を意味しているのだろうか？

それは、「システム全体」の状態に関する情報が、システム内部のすべての「個」に伝達され、共有されることによって、「個」と「個」の「共鳴」が生じやすい状態が生まれることが、システムが自己組織化を遂げていくために必要であることを意味している。すなわち、このプリゴジンの言葉は、「情報共有」によって「個」と「個」が「共鳴」することにより、「ポジティブ・フィードバック」のプロセスが加速され、自己組織化が生じやすくなることを意味しているのである。

「デファクトスタンダード」の戦略

自己組織化のプロセスにおける、この「コヒーレンス」（共鳴）の役割の重要性については、市場における自己組織化の現象を観察しても正しいことが実感される。

例えば、市場において「デファクトスタンダード」（事実上の標準）が形成されるプロセスにおいても、情報の「共有」と個の「共鳴」が重要な役割を果たしている。事実、ビデオデッキの「VHS」が「ベータ」と争ってデファクトスタンダードの地位を獲得したときも、この「共鳴」が重要な役割を果たしたと言われている。

まず最初に、市場においてVHS向けの映画ソフトが、わずかに多く供給された。しかし、この情報が、多くの消費者に伝達され、共有されたことから、多くの消費者が、この動向に「共鳴」し、VHS仕様のビデオデッキを購入するという選択に向かった。さらに、この市場の動向を見て、多くの映画ソフト会社が「共鳴」し、ますます多くのVHS向けソフトを市場に供給するようになった。そして、こうして成立した「ポジティブ・フィードバック」が次第に加速され、結局、VHSがデファクトスタンダードとなる自己組織的なプロセスを生み出したわけである。

これは、市場における情報の「共有」によって消費者の間に「共鳴」が生じた結果であり、こうした情報の共有と共鳴は、市場における「大ブーム」や「ヒット商品」の出現において、重要な役割を果たしている。

「ベストセラー」の現象

もう一つの例を挙げよう。書籍販売において、時折、「ベストセラー」が出現するが、この出現プロセスも、情報の共有と共鳴によるポジティブ・フィードバック形成のプロセスである。例えば、ある本が新聞の書評欄で取り上げられ、書評子によって高い評価が与えられる。これを見た多くの書店が、この本を注文し、多くの読者が、この本を購入する。この結果、その本は、新聞紙上に毎週載る「有名書店今週の販売部数ベストテン」にランキングされる。この新聞のベストテン・ランキングを見た全国の書店は、またこの本を注文し、このランキングを見た多くの読者が、興味をそそられ、この本を購入する。こうして成立したポジティブ・フィードバックが、その本をベストセラーへと押し上げていく。市場における典型的な自己組織化プロセスの出現である。

実は、こうした「ベストセラー」「ミリオンセラー」「大ヒット」の創出プロセスは、この資本主義市場に溢れている。そして、実は、出版業界、音楽業界、TV業界、映画業界などで活躍する熟練の「ヒットメーカー」と呼ばれる人々ならば、こうしたポジティブ・フィードバック形成による「ブーム」と「ヒット」の創出プロセスは、改めて教えられるまでもなく熟知していることである。

「ポジティブ・フィードバック形成」の戦略的活用

しかし、こうした「ポジティブ・フィードバック形成の戦略的活用」の手法が、一部の「ヒットメーカー」と呼ばれる人々にとっての「特殊なスキル」であった時代が終わりつつある。こうした手法は、間違いなく、これからは企業の市場戦略における手法となっていく。その企業倫理的な側面は慎重に考慮する必要があるが、こうした手法は、今後、「複雑系」としての性質を強めていく「市場」において、経営者が深く理解しておかなければならない市場戦略の重要な手法となっていくだろう。

特に経営者が留意するべきは、「デファクトスタンダード」の戦略である。

自社の製品が、その市場において「事実上の標準」の地位を獲得できるか否かは、その企業にとって死活の問題であるが、これまでは、この「デファクトスタンダード」の問題は、「市場競争における過去の結果」の問題として論じられてきた。しかし、これからは、それを「市場競争における未来の戦略」の問題として論じる時代が始まるのである。

端的に言えば、「すでに雌雄を決した市場の過去を振り返って、デファクトスタンダードが、いかにして成立したか」を論じる時代は終わったのである。「これから競争の始まる未来の市場において、デファクトスタンダードの地位を獲得するためには、どうすれば良いのか」こそが論じられなければならないのである。

「ＶＨＳとベータの話は分かった」「ウィンドウズとマッキントッシュの話も理解した」「それでは、自社の製品をどうすれば勝者にすることができるのか？」それこそが経営者の問いなのである。

求められる「垂直統合」の思考

そして、こうした観点から見るならば、ブライアン・アーサーの「収穫逓増理論」は、その優れた洞察にもかかわらず、こうした経営者の疑問には答えることができないのである。

それは、なぜか？

議論の視点が「鳥瞰図」（bird's-eye view）だからである。

議論の視点が「マクロ経済」の視点だからである。

こうした視点は、「なぜ経済と市場がこうなったか？」という過去の歴史の解説は鋭く分析的に論じることができるのだが、「それでは、具体的な経営の意思決定として、差し迫った目前の選択肢のうち、いずれを採るべきか？」という経営者の問いには、答えることができないのである。

それでは、こうした経営者の問いに答えるためには、どうすればよいのか？

著者の見解を述べよう。

議論の視点を「垂直統合」（vertical integration）の視点で論じるべきなのである。すなわち、「マクロ経済」「経営ビジョン」「市場戦略」「マーケティング戦術」「アクション・プログラム」のそれぞれの階層を「垂直統合」して論じるべきなのである。言葉を換えれば、「マクロ経済」の視点から見えることを、「市場戦略」の観点にどう反映させるのか。「市場戦略」の観点から採るべき行動が、「アクション・プログラム」のレベルで現実に実行可能なのか。そうした「垂直総合」の思考が不可欠なのである。

そして、熟練の経営者は、こうした「垂直統合」の思考を、まさに「体得」しているのである。なぜならば、この経営者が責任を負っているのは、「複雑系」としての「経営」そのものであり、本来、マクロ経済、経営ビジョン、市場戦略、マーケティング戦術、アクション・プログラムという区分さえ不可能な、「全体性」を有した「経営」そのものだからである。そうした経営者にとって、「マクロ経済」のレベルだけの議論や、「市場戦略」のレベルだけの議論は、「参考にはなるが、直接の役には立たない」のである。そして、このことが、「経営」と「経営学」とは〝似て非なる〟ものであると、著者が論じる理由でもある。

ちなみに、「鳥瞰図」（マクロ経済）の視点の弊害を批判するあまり、しばしば一部の人々が強調する「虫瞰図」（worm's-eye view）の視点も、経営者にとっては〝両極の誤り〟なのである。こうした、一方の極端を批判する余り、もう一方の極端へと走る傾向は、未成熟な思考においてしばしば見られるのであるが、こうした思考そのものが、これまでの「二項対立」と「二元論」に拘束された思考であり、まさに「複雑系の知」が超えようとしている「知のパラダイム」の思考に他ならない。このことについては、第五章「共進化の知」において、さらに詳しく述べよう。

「マスメディア戦略」の進化

以上、「デファクトスタンダード」の戦略を一つの例として論じたが、「複雑系」としての性質を強めていく、これからの「市場」において、経営者は、この「情報の共有と共鳴を活用した市場戦略」を「垂直統合」の思考によって展開していく必要がある。なお、紙数の関係で詳しく述べることはできなかったが、こうした市場戦略の具体例について興味を持たれる読者は、拙著『これから市場戦略はどう変わるのか』（ダイヤモンド社）を参照していただきたい。

こうした市場戦略を展開する際に、経営者が重視するべきは「マスメディア戦略」である。現代の市場において、マスメディアが持つ影響力の大きさは、改めて述べるまでもないが、著者が論じようとしているのは、「マスメディアを利用した大量宣伝」ではない。そうした戦略については、すでに多くの理論が存在しており、改めて論じることはない。いや、むしろ、マスメディアを用いた「消費者への一方的かつ大量の情報インプット」の戦略は、すでに時代遅れにさえなっている。

これから経営者が問うべきは、「消費者に対して、どのような情報を公開し、どのレベルの情報を提供するか？」である。言葉を換えれば、「どのような情報を共有すれば、消費者の共感と共鳴を形成することができるか？」である。

このテーマを真剣に論じるだけで、やはり一冊の本が書けると思われるが、ここでは著者の意見を手短に述べておこう。

これから企業が消費者に対して共有するべき情報のうち、最も大切なものは、「商品情報」や「価格情報」などの消費者にとって便利な情報ではない。もとより、そうした情報については、各企業とも「差別化されないための戦略」として、今後、競って公開していくだろう。そして、こうした情報公開は、インターネットとエレクトロニック・コマースの出現によって大きく加速されるだろう。

しかし、これからの時代に、企業が消費者に対して共有するべき最も大切な情報は、何よりも、その企業が、いかなる社会的価値をめざしているかという「企業理念」であり、どのような企業像をめざしているかという「企業ビジョン」である。こうした企業理念や企業ビジョンを、広告代理店の〝借りものの言葉〟ではなく、企業の歩みから〝にじみ出た言葉〟として、消費者に対して真摯に語ることこそが、消費者の共感と共鳴を獲得するための〝王道〟である。

そして、経営者自らが、個性ある言葉で消費者に語りかける時代が始まっているのである。時代のキーワードは、CI（コーポレート・アイデンティティ）からPI（プレジデント・アイデンティティ）へと変わってきているのである。

いま、消費者に語るべき「言葉」を持っているか、語るべき「哲学と思想」を持っているか。そのことを、経営者は、自らに深く問う必要がある。

企業を進化させる「イントラネット」

さて、このように、「市場」という「複雑系」においては、消費者への情報の共有を進めることによって、その共鳴を生み出し、ポジティブ・フィードバックを生み出すことによって、市場の自己組織化を促すことができることを述べた。

このことは、そのまま「企業」にも当てはまる。すなわち、「企業」という「複雑系」においても、社員への情報の共有を進めることによって、その共鳴を生み出し、ポジティブ・フィードバックを生み出すことによって、企業の自己組織化を促すことができるのである。

例えば、いま、経営者の注目を集めている「イントラネット」。この新しい企業情報システムを活用することによって、「企業」を進化させていくことができるのである。しかし、そのためには、この「イントラネット」の三つの革命について理解しておかなければならない。

「イントラネット」のもたらす三つの革命

第一に、イントラネットは、企業における「情報バリアフリー革命」をもたらす。すなわち、それは、企業内に存在する情報流通の「バリア」（障壁）を取り除き、これまで

「情報弱者」であった多くの社員が、自由に情報にアクセスできる「情報バリアフリー」を実現する。これによって、自己組織化の第一の条件である、「全体に関する情報が、すべての個に伝わる」という「情報共有」の条件が実現する。

第二に、イントラネットは、企業における「草の根メディア革命」をもたらす。すなわち、それは、これまで企業内において「情報発信」の手段を持たなかった多くの社員が、自発的に全社に対して情報を発信できる「草の根メディア」を実現する。これによって、自己組織化の第二の条件である「フィードバック」という条件が実現する。

第三に、イントラネットは、企業における「ナレッジ・コミュニケーション革命」をもたらす。すなわち、それは、単なる「データ」だけでなく、生きた言語で語られる高度な「ナレッジ」（知識）、言語で語ることのできない「ノウハウ」（智恵）、そして「シンパシー」（共感）をも伝えることのできる「ナレッジ・コミュニケーション」を実現する。これによって、自己組織化の第三の条件である「共鳴」（コヒーレンス）という条件が実現する。

「インターネット革命」の本質

実は、このイントラネットの「三つの本質」は、いま、世界中を席巻しつつある「インターネット革命」の本質なのである。このインターネット革命が、「企業」においは「イントラネット革命」となり、「市場」においては「エレクトロニック・コマース革命」となり、「社会」においては「エレクトロニック・コミュニティ革命」となって現れていると理解するべきなのである。しかし、このことについて詳しく語ることは、本書の目的から外れるので、別の機会に譲ろう。

それでも、この「複雑系の経営」というテーマの範囲で、著者が一つだけ強調しておきたいことがある。それは、この「インターネット革命」が、企業や市場や社会の「複雑系」としての性質、特に「創発性」と「自己組織性」を強めていく革命であるという事実である。経営者は、インターネット革命の、この本質を深く理解しておく必要がある。

「企業文化」の進化

イントラネットは、こうした三つの本質を持つことから、それを企業に導入することによって、企業は「自己組織化」と「進化」を遂げはじめる。そして、その進化のうち、最も注目するべきは「企業文化」の進化である。

それでは、なぜ、「企業文化」の進化が生じるのか？

それは、「イントラネット」の本質が「インターネット」だからであり、「インターネット」には〝三つ子の魂〟のごとき文化が刻み込まれているからである。

インターネットには、その誕生の時から刻まれた「文化」がある。「オープン」（開放性）「ボトムアップ」（平等性）「ボランティア」（自律性）という文化である。これに対して、これまでの日本企業の文化は、この対極にある文化であった。「クローズ」（閉鎖性）「トップダウン」（階層性）「リーダー」（他律性）という文化である。

イントラネットの導入が「企業文化」にもたらすものは、まず最初に、これら異質の文化が遭遇することによる「文化摩擦」である。この文化摩擦の「ゆらぎ」が、企業の文化を進化させていく。そして、徐々に時間をかけて、インターネット固有の文化が企業内に浸透していくことにより、職場の雰囲気が「開放的」になり、社員の「自発性」が高まり、協働作業が「円滑化」していくだろう。

それが、「イントラネットは企業文化を進化させる」と、著者が論じる理由である。なお、このイントラネットによる企業文化の変革について興味をもたれる読者は、拙著『イントラネット経営』（生産性出版）を参照していただきたい。

もとより、イントラネットは、こうした「企業文化」の変革のための「即効薬」とはなり得ないが、企業内での情報共有、意思決定、協働作業の「基本プロセス」を変えることによって、新しい文化を自己組織的に生み出していく。

それは、「即効薬」であるよりは、むしろ「漢方薬」と呼ぶべき効果をもたらすだろう。しかし、もしそれが「漢方薬」ならば、重要なメリットがある。「副作用」が無いことである。永い時間をかけて生まれてきた文化を変えるためには、ある程度、永い時間をかける覚悟が必要である。「即効的」なものは「副作用」が強い。いたずらに「即効性」を求める企業変革論こそが、見直されるべき時期を迎えているのではないだろうか。

そして、これもまた、「複雑系の知」なのである。

「複雑系の知」第三のメッセージ

要するに「共鳴場の知」とは何か？

それは、「全体の状態」に関する情報の「共有」を図ることによって、「個」と「個」の「共鳴」が生じる「場」を生み出す智恵である。

それは、「共鳴」の「場」を生み出すことによって、「自己組織化」と「進化」を促していく智恵である。

それは、市場においては、マスメディアによる情報発信を活用して、市場におけるデファクトスタンダードの形成や新市場の創出を図る智恵である。

それは、企業においては、企業情報システムを活かして、企業の進化を促していく智恵である。

それゆえ、この「共鳴場の知」が経営者へ伝えるメッセージは、次の言葉に他ならない。

「情報共有」ではない、「情報共鳴」を生み出せ。

第4章　「共鳴力の知」からのメッセージ

「組織の総合力」ではない、「個人の共鳴力」である

「複雑系の知」の第四は「共鳴力の知」（resonance knowing）である。
この「知」の本質は、次の言葉に象徴される。

「ミクロ」のゆらぎが「マクロ」の大勢を支配する。

この言葉は、何を意味しているのだろうか？

散逸構造理論とカオス理論

この言葉は、「複雑系」においては、システムの「部分」のごく僅かな変化でも、それが「全体」の大局的挙動を支配することがあることを意味している。

それでは、なぜこうした現象が生じるのだろうか？

その理由は、「非平衡系」と「非線形性」にある。

イリヤ・プリゴジンは、その散逸構造理論の中で、「平衡状態においては、マクロの挙動がミクロの挙動を支配するが、非平衡状態においては、ミクロのゆらぎがマクロの挙動を支配する」と述べている。その理由は、非平衡状態においては、現象を支配する「法則」が、極めて「非線形性」の強いものとなるからである。

それでは、「非線形性」の強い現象プロセスにおいて、なぜ、ミクロのゆらぎがマクロの挙動を支配するのか？

その理由はカオス理論が説明している。カオス理論は、「非線形性の強い現象プロセスにおいては、初期条件のわずかな違いが、その現象プロセスの結果に極めて大きな違いを与える」と述べている。これが、ミクロのゆらぎがマクロの挙動を支配する理由である。

一つの例を挙げよう。地球規模の大気運動である。この現象プロセスは、極めて「非線形性」の強い現象であるため、この現象を数学モデルで表すと「非線形方程式」で表される。従って、その方程式への入力データの値をごく僅かに変えるだけで、その計算結果は決定的に違ったものになる。これを、現実の大気運動に当てはめるならば、大気運動に関するある小さな局所的条件が違っただけで、その広域的挙動が大きく異なってくることを意味している。

すなわち、「非線形」の現象プロセスの持つ、こうした特殊な性質は、しばしば「北京で蝶が羽ばたくと、ニューヨークでハリケーンが生じる」と比喩されるような「バタフライ効果」として現れるわけである。

そして、こうした「ミクロのゆらぎがマクロの挙動を支配する」という性質は、宇宙、地球、自然、生命、社会、市場、企業、のいずれを問わず、「非線形」の性質を持つ「非平衡系」においては、しばしば観察される性質なのである。

「プリゴジン的性格」の世界

例えば、アルビン・トフラーは、その著「戦争と平和」のなかで、次のように述べている。少し長くなるが、引用してみよう。

世界体制に関する理論のほとんどが、世界システムは本来安定していること、システムの中に自動安定装置があること、したがって、不安定な状態は、基本的に例外とすることを前提としている。（中略）しかし、これらの前提は、どれ一つとして今日の状況にあてはまるものではない。（中略）システムが「まったくバランスを欠いている」場合には、通常の法則を破る奇妙な動き方をする、ということだ。そんな時、システムの動きは非線型的なものになる。つまり、些細な原因が、巨大な結果を引き起こすこともあるのだ。遠い国で起きた「些細」な戦争が、予測しがたい出来事に何度もぶつかっていくうちに、雪だるま式に大きくなり、しまいには大戦争に発展することだって考えられるのである。（中略）

世界システムはプリゴジン的性格を帯びつつある。すなわち、ノーベル賞を受賞した科学者イリア・プリゴジンが、彼の言う「散逸構造」とは何かを初めて明らかにしたときに述べた物理的、化学的、社会的システムにだんだん似てきたのだ。この構造の中では、システムのあらゆる部分が、たえず動揺している。（中略）

そこでは、正帰還（ポジティブ・フィードバック）ループが増える。つまり、ある過程がいったん始まり、活発化すると、安定化するどころかさらに大きな不安定をシ

ステム内に伝えるのだ。（中略）
内外の動揺が集まっておこると、システム全体の崩壊を引き起こすか、あるいは、より高次の改造をもたらす。
結局のところ、この重大な瞬間に、システムはけっして合理的に働かない。それどころか、まったく偶然任せの動き方をするのだ。したがって、その動きを予測するのは難しくなり、場合によっては不可能とさえなる。
（アルビン・トフラー著徳山二郎訳『戦争と平和』フジテレビ出版より引用）

このように、トフラーは、「世界システムはプリゴジン的性格を帯びつつある」という言葉を用いて、世界システムが、例えば世界の片隅の小さな民族紛争によってさえ、その全体的な崩壊が生じる可能性を持つことを指摘し、それが、実に「不安定」な状態となっていることに警鐘を鳴らしているのである。

〝紙一重〟の「進化」と「崩壊」

そして、プリゴジンの散逸構造理論は、システム内のごく小さな「ゆらぎ」が、システム全体の「新しい構造への進化」をもたらすこともあれば、逆に、システム全体の「突然の崩壊」をもたらすこともあることを指摘している。

こうしたシステムの突然の崩壊は、「複雑系」の研究においても重視されており、恐竜の突然の絶滅や、古代文明の突如の崩壊、さらには株価の突発的な下落など、多くの例が研究されている。

こうした「複雑系」の研究から、我々が深く理解するべきは、システムの「進化」と「崩壊」は、常に〝表裏一体〟であるという冷厳な事実である。

言葉を換えれば、一つのシステムが、より高度なシステムへと「進化」しようとする営みは、常に、そのシステムの「崩壊」の可能性と〝紙一重〟の営みであるということである。「複雑系の知」は、このことを、我々に教えてくれるのである。

そして、この「複雑系の知」に学ぶならば、これからの時代においては、企業経営における「リスク・マネジメント」のパラダイムを大きく変えていく必要がある。著者の予感を述べるならば、その「リスク・マネジメント」の基本は、「進化のポートフォリオ」となっていくだろう。この「進化のポートフォリオ」という新しい「リスク・マネジメント」のパラダイムについて詳しく論じることは、別の機会に譲るが、重要なキーワードだけを示しておこう。それは、「進化の多様性」「共進化の生態系」「価値のコスモロジー」

の三つとなるだろう。

アントレプレナーの「ゆらぎ」

しかし、「複雑系の知」が我々に教える「ミクロのゆらぎがマクロの大勢を支配する」という言葉は、決して、「突然の崩壊」といったネガティブな意味だけを持っているわけではない。むしろ、社会や市場や企業が持つ、こうした性質は、極めてポジティブな「勇気」を我々に与えてくれる。

それが、「複雑系の知」から観た「アントレプレナーシップ」である。

一例を挙げよう。いま、ソフトウェアの分野では、「ウィンドウズ」のブームを巻き起こしているマイクロソフト社が、世界のコンピュータとソフトウェアの動向の「大勢」を定めている。しかし、このマイクロソフト社の「業績」も、その社が巻き起こしたコンピュータ業界の「嵐」も、ビル・ゲイツという、一人のアントレプレナーの創意と情熱によって生み出されたものであった。

また、いま、米国のシリコンバレーを中心に、数多くのアントレプレナー達が、彼らが起こしたベンチャービジネスによって、世界全体をも変える「インターネット革命」を推し進めようとしている。

こうした動きは、一人のアントレプレナーの生み出す「ミクロのゆらぎ」が、コンピュータ市場やソフトウェア市場という「マクロの大勢」を支配していくプロセスに他ならない。すなわち、一人のアントレプレナーが生み出す「ゆらぎ」が、周囲の人々を巻き込み、市場の全体にも影響を与えるほどの大きなビジネスの動きを創り出していくことができるのである。

そして、このプロセスにおいてアントレプレナーが持つべき不可欠の資質は、周囲の人々の「共鳴」を引き起こす力、すなわち「共鳴力」に他ならない。この「共鳴力」を有したアントレプレナーは、文字通り「ミクロのゆらぎがマクロの大勢を支配する」という「共鳴力の知」を体現していく。

このように、「共鳴力の知」は、たった一人のアントレプレナーでも社会の全体に大きな影響を与えることができるという「勇気」を、我々に与えてくれるのである。

「総合企業」の時代の終焉

しかし残念ながら、現在の日本には、こうした「共鳴力」を持ったアントレプレナーが育つ「環境」が存在していない。その一つの大きな原因は、「大企業」にある。

例えば、日本企業においては、未だに「大艦巨砲主義」が根強く存在している。いままでも、企業の「規模」と「総合力」をもって価値とみなす傾向が強く、多くの企業が「総合」という冠のついた企業をめざし、「組織の総合力」をもって市場を制覇しようと考えている。

しかし、すでに、我が国においても、「巨大企業」や「総合企業」が有利な時代は終わりつつある。これからの「大競争」の時代は、言葉を換えれば「コア・コンピタンス」（核心的競争力）の時代である。企業の「規模」の大小を問わず、他の企業に比べて本質的に差別化できる「競争力」を持っているか否かが深く問われる時代を迎えているのである。「業界ナンバーツー」の商品や技術を多く抱えている「総合企業」よりも、「業界ナンバーワン」の商品や技術を一つ持っている「ベンチャー」の方が有利な時代が始まっているのである。

なぜならば、これからの時代の、もう一つのキーワードが、「アライアンス」（戦略的提携）となるからである。

それでは、「アライアンス」とは何か？

「アライアンス」とは、「ベスト・オブ・エブリシング」（すべてにおいて最良）を求める戦略である。互いに異なった「強み」をもった企業が集まり、戦略的に「提携」を結ぶ。これによって、最強の「ドリーム・チーム」を結成し、特定の市場に「圧倒的競争優位」を形成して参入し、これを制覇する。それが「ベスト・オブ・エブリシング」の戦略である。

すなわち、この「アライアンス」とは、言葉を換えれば、「戦略的提携」という〝メタレベルの戦略〟（メタ戦略）であり、このメタ戦略を「企業ビジョン」として描いたものが「バーチャル・コーポレーション」（仮想企業体）に他ならない。

企業進化に求められる「二つの能力」

ここで経営者が理解するべきは、この「バーチャル・コーポレーション」という二一世紀の企業ビジョンが、すべての企業に「二つの能力」を磨き続けることを要求するということである。

一つは、自社にしか無い「強み」としての「専門能力」であり、もう一つは、自社に無い「強み」をもった他企業と結ぶ「提携能力」である。言葉を換えれば、「核心的競争力」と「戦略的提携力」である。

これからの大競争の時代には、この「二つの能力」を同時に有した企業のみが市場での主導権を握ることができる。そして、大切なことは、「同時に」ということである。「核心的競争力」だけを持っても、自社の弱みを補う「戦略的提携力」を持たない企業は、他企業からの「アウトソーシング」を主業務とする受動的な地位にとどまらざるを得ない。また、「戦略的提携力」だけを持っても、他企業に貢献する「核心的競争力」を持たない企業は、「提携コーディネータ」の地位にとどまらざるを得ないからである。

こうした「二つの能力」が企業に求められるということは、「企業進化」という意味では、摂理にかなった方向である。なぜならば、自然界において観察される「進化」という現象の本質は、やはり、「機能分化」と「協働・共生」だからである。

「複雑系の知」は、こうした意味でも、企業進化の方向を指し示してくれるのである。

「個人カンパニー」の時代

しかし、「企業進化」における、こうした「バーチャル・コーポレーション」(仮想企業体)への流れは、ある段階からは、「コーポレーション・バーチャリティ」(企業の仮想化)への流れになっていく。

すなわち、企業と企業が戦略的提携を結ぶことによって「仮想的な企業体」を形成するという状態は、徐々に、企業組織そのものの「仮想化」を進めていく。なぜならば、「仮想企業体」の出現によって、企業組織というものが、そもそも「個人カンパニー」の集合体であるという認識が生まれて来るからである。

まず、「仮想企業体」そのものが、実際には、各企業に存在する「専門性」を持った人材が協力し合うことによって結成・運営されることになるが、こうした「仮想企業体」の状態は、そこに参加する人材の「個人カンパニー」としての意識を強めていく。そして、こうした「個人カンパニー」としての意識は、徐々に、本体の企業組織においても広がっていく。この意識に拍車を駆けるのが、「終身雇用制の崩壊」と「実績主義年俸制の導入」である。こうして、社員の意識が「個人カンパニー」としての意識へと変わっていくことに伴い、企業組織そのものも、徐々に、「個人カンパニー」が戦略的提携を行うための「場」としての性質を強めていくことになる。

もとより、こうした「企業の仮想化」が一朝一夕に進むわけではないが、これからの時代の「企業」というものの本質は、時間をかけて、確実に、こうした「個人カンパニー」を前提としたものへと変わっていくだろう。

「アントレプレナーシップ」の意味の深化

従って、この「個人カンパニーの時代」にビジネスマンに求められるものは、大企業の中にいるか、独立しているかを問わず、「アントレプレナーシップ」であり、自らの企業もしくは他の企業の中の「個人カンパニー」との提携を実現できる「共鳴力」である。

そして、これまで、アントレプレナーシップは、独立した起業家を対象として論じられたが、これからの時代は、大企業に所属するビジネスマンにも、さらには公務員や研究者にも、こうした精神が求められる時代となっていく。なぜならば、過去のアントレプレナーシップ論は、多くの場合、「新事業への挑戦」という側面で語られてきたが、これからのアントレプレナーシップ論は、おそらく、「社会への貢献」という側面で語られるからである。

事実、シリコンバレーにおけるアントレプレナー達の中には、事業としての成功や、それに付随する金銭的報酬だけでなく、自らがめざす新事業、新商品、新サービスが、社会に対していかなる価値をもたらすかをロマンをもって語る人々が多く見受けられる。この点は、我が国におけるアントレプレナーと呼ばれる人々の平均的意識と比べて、米国のアントレプレナー達の意識の優れた側面である。

いずれにしても、遠くない将来、アントレプレナーシップとボランティアシップが、同一の響きを持って語られる日が来るのではないか。著者は、そう予感している。

求められる大企業の「人材活性化」

しかし、このアントレプレナーシップというキーワードの意味の深化とともに、特に、日本の大企業においては、かつてギフォード・ピンチョーが論じた「イントラプレナー」（社内起業家）というキーワードが、新しい意味を獲得していくだろう。

改めて言うまでもなく、日本におけるアントレプレナーやベンチャー企業が、米国に比べて活性化しない一つの大きな原因は、優れた人材が大企業に囲い込まれているからである。これは、まず何よりも、学生などの優秀な若手人材が「大企業志向」「安定志向」であることに大きな原因があるのだが、一方で、大企業においては、せっかく採用した優秀で挑戦心に溢れる若手人材を〝飼い殺し〟にしている例も多いのである。しかし、我が国の産業構造と人材の就職志向を見る限り、我が国の条件のもとで優れたベンチャー企業やアントレプレナーを輩出させるためには、やはり大企業の中にいる人材を活かすことが最良の道なのである。

そうした意味で、いま、大企業の経営者が取り組むべき課題は、社内に「イントラプレナー」を育成することである。しかし、これからの時代の「イントラプレナー」すなわち「社内起業家」に求められる能力は、かつてピンチョーが論じたような意味での「新事業開発」の能力ではない。もとより、イントラプレナーに、こうした能力が求められることは、これからも変わらないのだが、それ以上に重要な能力を、時代はイントラプレナーに求めているのである。

「日本型イントラプレナー」のビジョン

その能力とは、先に述べた「戦略的提携力」である。これからの大企業におけるイントラプレナーに求められる能力は、

(1) 次にやって来る市場ニーズを深く読み、
(2) これに応える商品とサービスのビジョンを描き、
(3) 自社に無い「強み」を持つ他企業を見出し、
(4) それらの企業と戦略的提携を結び、

(5)「ベスト・オブ・エブリシング」の仮想企業体を結成し、
(6) 次の市場ニーズに答える「パッケージ商品」や「総合サービス」を開発・提供することによって、
(7) 新しい事業を創出する、

という「七つの能力」である。

従って、我が国の大企業において期待されるイントラプレナー像は、米国のシリコンバレーで活躍するアントレプレナー像とも異なり、また、ピンチョーの論じた米国型イントラプレナー像とも異なる、「日本型イントラプレナー」とでも呼ぶべき人材である。いま、大企業が力を注いで社内で育成するべき人材は、まさに、こうした日本型イントラプレナーに他ならない。

この日本型イントラプレナーは、上記の「七つの能力」に示されるように、これからの大企業にとって不可欠な「戦略的提携力」に身をつけた人材である。しかし、この人材が発揮する「戦略的提携力」の意味は、実は二つある。一つは、言うまでもなく、他の大企業やベンチャー企業との戦略的提携を実現していく力である。しかし、もう一つは、社内の「個人カンパニー」同氏の戦略的提携を促進していく力である。大企業の活性化と変革を考えるとき、この第二の力が極めて重要である。

そして、これら二つの力によって、この日本型イントラプレナーが起こす「ゆらぎ」と「個人カンパニー」の連携によって、その企業を内部から変革していくだろう。

「共鳴力の知」は、そのビジョンを我々に教えてくれるのである。

「複雑系の知」第四のメッセージ

要するに「共鳴力の知」とは何か?

それは、「個」の生み出す「ゆらぎ」によって、「全体」を変えていくための智恵である。

それは、「全体」の中で、「個」と「個」の「共鳴」を生み出し、「ゆらぎ」を大きくするために、互いに働きかけあう智恵である。

それは、社会においては、「アントレプレナー」が生み出す「ゆらぎ」と「共鳴」によって、市場や産業を進化させていく智恵である。

それは、企業経営においては、「イントラプレナー」の生み出す「ゆらぎ」と「共鳴」によって、企業を進化させていく智恵である。

それゆえ、この「共鳴力の知」が経営者へ伝えるメッセージは、次の言葉に他ならない。

「組織の総合力」ではない、「個人の共鳴力」である。

第5章　「共進化の知」からのメッセージ

「トップダウン」でもなく、「ボトムアップ」でもない

「複雑系の知」の第五は「共進化の知」（co-evolution knowing）である。
この「知」の本質は、次の言葉に象徴される。

「部分と全体」は「共進化」する。

この言葉は、何を意味しているのだろうか？

「トップダウン」対「ボトムアップ」

第二章の「創発性の知」において、「設計」という発想による「トップダウン」的な秩序形成が限界を有していることを語った。それゆえ、「個」の基本プロセスから生み出される「ボトムアップ」的な秩序形成の重要性について語った。この例にも見られるように、近年、「トップダウン・アプローチ」の限界と弊害が広く認められるようになったことから、最近では、逆に、「ボトムアップ・アプローチ」が高く評価される傾向が目につく。

しかし、第二章でも明確に述べたように、「創発」とは、正確に言えば、「ボトムアップ」的なプロセスと「トップダウン」的なプロセスが同時に生じる「双方向的」なプロセスである。従って「創発性の知」から見るならば、「全体」の設計図を描いて「部分」を位置づけていくという「トップダウン・アプローチ」も、「部分」から積み上げて「全体」を構築していくという「ボトムアップ・アプローチ」も、この「双方向」の視点を持たなければ、いずれも〝一面的〟なアプローチなのである。

このことの意味を、自然界を例にとって考えてみよう。

地球生命圏「ガイア」

生物世界では、個々の「生物」（部分）が集まって「生態系」（全体）を形成しているが、その「生態系」が個々の「生物」に大きな影響を与えるとともに、逆に、個々の「生物」が「生態系」に影響を与えるという「双方向」の関係が成立していることは良く知られている。

その最たる例が、近年注目されている「ガイア理論」である。この理論の示すところによれば、「地球」の上に誕生した「生物」が、その「地球」そのものの「環境」を数十億年の歳月をかけて変え、「生物」の生存に適した環境を形成していったとされる。特に、この壮大なプロセスにおいては、海の中に発生した「藻類」が、光合成を通じて酸素を生成し、これを大気中に蓄積することによって、現在の地球環境を生み出していったわけである。

これは、まさしく、「地球」という生命圏と個々の「生物」が、互いに影響を与えながら変化し、進化していったという意味において、「共進化」（co-evolution）のプロセスそのものである。

「市場」における共進化

こうした「部分」と「全体」の間での「共進化」のプロセスは、自然界だけでなく、社会や市場においても見出される。

例えば、「環境規制」と「企業」と「消費者」も共進化を遂げている。すなわち、「環境規制」の導入は「グリーンコーポレーション」（環境問題に積極的に取り組む企業）を増大させるが、この企業が他企業への差別化のために行う広報宣伝や情報発信が、この情報を受けとめる消費者の意識を変えていく。次いで、こうして出現した「グリーンコンシューマ」（環境問題に配慮した消費行動を取る消費者）は、今度は、生活者として政府や自治体に働きかけ、「環境規制」の導入を促していく。そして、導入された「環境規制」は、さらに企業と消費者を進化させていく。

これは社会と市場における典型的な「共進化」のプロセスであり、こうしたプロセスは、これ以外にも数多く見出される。

もう一つ例を挙げよう。我が国の「産業政策」と「企業戦略」との間にも「共進化」のプロセスが存在する。例えば、一九九〇年代半ばの世界的なエレクトロニック・コマースのブームの中で、先進的な企業の中には、このエレクトロニック・コマースが、新しい事業機会になると考え、先行的に商品開発や事業開発に取り組む企業が出てきた。こうした産業界の動向を見て、通産省は、数百億円規模の補助金の交付を決定し、民間企業がエレクトロニック・コマースに関する技術開発を促進するための政策的支援を行った。この結果、数百社を越える民間企業が集り、数十のコンソーシアムを結成し、エレクトロニック・コマース関連技術の実証試験への取り組みを開始した。こうした民間企業の動きの中で、民間企業が集まる協議会が設立され、政府としてエレクトロニック・コマース産業の育成のために、いかなる法的整備をするべきか、消費者の安心感を形成するために何をするべきかなどを検討し、民間企業から政府への提言を行ってきた。

「産業インキュベーション」という共進化の戦略

こうした動きは、言わば、政府の「産業政策」と民間の「企業戦略」との間での「共進化」のプロセスである。顧みるならば、戦後五〇年の我が国の産業政策は、基本的に、この「共進化」のプロセスを活用してきたとも言えるのだが、どちらかと言えば、政府の「政策」が先行する「トップダウン・プロセス」が主導的な「共進化プロセス」であった。

しかし、これからの時代に求められるのは、民間の「戦略」が先行する「ボトムアップ・プロセス」が主導的な「共進化プロセス」である。

すなわち、我が国においては、いま、民間主導の新産業創造の動きが強く求められているのであるが、この動きに重視されるべきは、やはり「共進化」のプロセスである。すなわち、民間企業は、新産業創造の「共進化」のプロセスに、これまでの「政府の産業政策」と「民間の企業戦略」だけでなく、「自治体の地域産業政策」「マスメディアの新産業ビジョン」「アカデミアの産業分析」「生活者の生活ニーズ」をも包摂していくことが望まれる。

著者らは、こうした五つの社会的階層の協働による新産業創造のビジョンを「産業インキュベーション」と命名し、「コンソーシアム」という組織形態を活用した具体的な戦略を提案することによって、延べ七〇二社とともに二〇のコンソーシアムを設立・運営してきた。このビジョンと戦略に興味を持たれる読者は、第三章でも紹介した拙著『これから市場戦略はどう変わるのか』を参照していただきたい。

「創発的アプローチ」の重要性

このように、「産業政策」と「企業戦略」を例にとっても、「産業政策」からの「トップダウン・アプローチ」だけでは限界があり、また、「企業戦略」からの「ボトムアップ・アプローチ」だけでも限界がある。「共進化」の観点から求められているのは、これら両方のアプローチを双方向的かつ並行的に行うことであり、これを「創発的アプローチ」と呼ぶことができる。

「共進化の知」が我々に教えるものは、このように、「トップダウン・アプローチ」でも「ボトムアップ・アプローチ」でもない「創発的アプローチ」である。そして、このアプローチは、これからの企業経営においてビジョンや戦略を考えるために極めて重要である。

もう少し分かりやすく述べよう。これまで、企業戦略においては、「組織は戦略に従う」や「戦略的判断にもとづく戦術的行動」などの言葉に象徴されるように、「トップダウン」的な発想の重要性が強く主張されてきた。たしかに、これまでの日本企業は、「まず、やってみてから決める」「取り敢えず、様子を見ながら進める」といった「ボトムアップ」的な発想の弊害が強かったことから、経営学者や経営コンサルタントからは、欧米的な「トップダウン的戦略思考」の重要性が強調されてきた経緯があったと言える。

しかし、先にも述べたように、本来、真の「戦略思考」は、この「トップダウン・アプローチ」と「ボトムアップ・アプローチ」を瞬時かつ双方向的に繰り返しながら「洞察」

にもとづく状況判断を行っていくものである。

「知の成熟」としての思考スタイル

もとより、熟練の経営者は、数多くの実践経験を通じて、このことを深く理解し、体得しているのであるが、こうした思考スタイルは、直線思考と合理思考に立脚した人々や、ものごとにクリアカットなアプローチを求める人々からは不評を買うことになる。そのうえ、これらの経営者は、こうした思考スタイルを身につけているがゆえに、しばしば西田幾太郎の「絶対矛盾の自己同一」といった哲学を理解し、それを口にするがゆえに、ますます合理思考の人間から不評を買うことになる。

しかし、カール・マルクスも、その歴史的な著作『資本論』を生み出すために、商品と貨幣の分析や経済現象の考察における「上向過程」と「下向過程」の相互反復を重視したように、こうした思考スタイルは決して東洋思考の〝専売特許〟ではない。

こうした思考スタイルは、むしろ、「知の成熟」であると理解するべきである。ヘーゲルの「弁証法」に見られるように、一見矛盾した両極の論理が「止揚」されるプロセスは、視点を変えるならば、「知の成熟」に他ならない。そして、実は、「複雑系の知」というものも、その本質は、「知の成熟」に他ならないのである。このことは、終章において、もう一度深く論じよう。

「ホロン」という概念の限界

ちなみに、かつて「企業進化論」が注目された時期に、よく用いられた言葉に「ホロン」という言葉がある。この言葉は、アーサー・ケストラーが『ホロン革命』の中で用いた言葉であるが、現在でも自社の経営理念として「ホロン経営」を掲げる企業や、企業ビジョンとして「ホロニック・コーポレーション」を標榜している企業も存在するほど、我が国の経営者には良く知られている概念である。

そして、本章において述べた「部分」と「全体」の「共進化」という視点は、すでに、このケストラーの「ホロン」という概念の中にも存在している。しかし、この「ホロン」という概念と、「複雑系の知」における「創発」という概念の間には、ある重要な相違がある。それは、前者が「要素還元主義」を強く批判したにもかかわらず、未だ「構造的視点」を色濃く残しているのに対し、後者が「プロセス的視点」を明確に持っていることである。

この相違は、究極、世界を「構造」と見るか「プロセス」と見るかの世界観の相違である。すなわち、これまでの近代科学が立脚してきた「知のパラダイム」は、世界を〝巨大な機械〟としてとらえるパラダイムであったため、どうしても、世界を「構造」の視点から理解する傾向が強かった。これに対して、「複雑系の知」という新しい「知のパラダイム」は、世界を〝大いなる生命〟としてとらえるパラダイムであることから、基本的には、世界を「プロセス」の視点から理解するものである。

「プロセス」の〝影〟としての「構造」

ちなみに、「還元主義」に対する批判的視点を持って生まれてきた、レヴィ＝ストロースの「構造主義」は、「構造」という名称は冠しているが、その思想の本質は、「現象間の関係」に着目するものであり、ここで述べた「世界」を「構造」と見る視点から、「プロセス」と見る視点への転換の中間過程にある思想である。敢えて言えば、この「構造主義」における「関係」という概念には「時間」と「進化」の視点が未だ弱く、この点が、「時間」と「進化」の視点を強く持つ「プロセス」という概念との相違であると言える。

いずれにしても、「複雑系の知」において、「構造」とは、刻々に生成し、発展し、進化し、消滅していく「世界」のダイナミックな「プロセス」を、ある時間断面で切り取ったときの「静的な側面」に過ぎない。従って、「複雑系の知」においては、「構造」そのものを問題にするよりは、その「構造」の深層に存在する運動のダイナミックな「プロセス」をこそ問題にする。

誤解を恐れずに言えば、「構造」とは「プロセス」の〝影〟である。すなわち、「プロセス」と「構造」の関係は、あたかも〝足早に道を歩み行く人〟が道路に落とす〝影〟のような関係にある。従って、その〝影〟だけをいくら詳しく調べても、ものごとの真実の姿は見えてこないのである。

企業における「組織構造」と「業務プロセス」

例えば、これまで、企業変革を実行するために、まず、「組織構造」の改革から着手する企業がほとんどであった。特に「ゼロベースの改革」などは、この発想が強いものであるが、こうした「組織構造」の改革から着手する方法が必ずしも成功しない理由は、まさにこの点にある。

企業の変革を真に実行しようと考えるならば、「組織構造」よりも「業務プロセス」の変革をこそ重視するべきである。第二章「創発性の知」で述べたように、「基本プロセス」を変革することは、地味な方法のようでありながら、実は、企業を「自己組織的」に進化させていく最も有効な方法なのである。

しかし、ここで経営者が理解しなければならないのは、「業務プロセス」の変革は、地味ではあるが、決して容易な方法ではないということである。なぜならば、企業活動における「業務プロセス」とは、社員の「意識プロセス」と深く結びついており、それは、結局、「企業文化」という最も高度なプロセスの変革の問題に逢着していくからである。

従って、経営者は、「業務プロセス」の変革の問題を、単に「業務マニュアル」の整備の次元の問題として理解するべきではない。

求められる「有用性ある智恵」

このように、「ホロン」という「構造指向」の概念と、「創発性」という「プロセス指向」の概念とは、「世界を解釈するための概念」としては、同じ本質を論じているのであるが、ひとたび、これを「世界を変革するための方法」として用いる場合には、その「有用性」の点で大きな差が生じるのである。

そして、このことが、これまで「ホロン経営という概念は、経営理念としては魅力的であるが、経営手法としては役に立たない」といわれてきた原因なのである。

著者が、様々な概念を論じるに際して、この「役に立つ」という視点を強調するのには理由がある。そして、本書を「複雑系は何の役に立つのか？」をテーマとして書くのには理由がある。

一つは、著者自身が、民間企業において経営陣の一員として、日々、経営の実務と悪戦苦闘をしている立場にいるからである。こうした立場からは、どれほど高尚な概念であっても、実際の経営において「役に立たない」概念には興味を覚えない。経営とは、究極、生身の人間との格闘であり、経営者が最も深い関心をもって接するべきは、そして、可能な限り時間を割いて接するべきは、難解な概念ではなく、この生身の人間である。どれほど高尚な概念であっても、それが現実と格闘し続ける人間を活かす「智恵」となりえないものに、貴重な時間を割くことはできないからである。

もう一つは、哲学や思想というものの本来の役割についての信念からである。

例えば、先に引用したカール・マルクスは、次の言葉を残している。

哲学者たちは、これまで「世界」を「解釈」してきたに過ぎない。

大切なことは、それを「変革」することである。

社会主義国家群の歴史的実験の失敗を経験した時代においては、決して高い評価を与えられることのない思想家であるが、このマルクスの言葉そのものは、一面の真理を述べている。そして、同様に、経営者も、企業経営を「解釈」する「理論」よりも、企業経営を「変革」していくことのできる「智恵」をこそ求めているのである。

著者が用いる「役に立つ」という言葉の意味は、まさに、この「智恵」と「叡智」を持つという意味に他ならない。

「複雑系の知」第五のメッセージ

要するに「共進化の知」とは何か?

それは、「全体」と「個」が、互いに影響しながら、共に進化していくための智恵である。

それは、企業においては、「企業」と「社員」が共に進化していくための智恵である。

それは、市場においては、「産業政策」「企業戦略」「消費行動」を共に進化せることにより、新しい産業を創造していく「産業インキュベーション」の智恵である。

それは、思考においては、「ビジョン」「戦略」「戦術」「アクション」のレベルを「垂直統合」した思考スタイルと実践により、現実を変革する智恵である。

それゆえ、この「共進化の知」が経営者へ伝えるメッセージは、次の言葉に他ならない。

「トップダウン」でもなく、「ボトムアップ」でもない。

第6章 「超進化の知」からのメッセージ

法則は「変わる」、そして「変えられる」

「複雑系の知」の第六は「超進化の知」(meta-evolution knowing)である。

この「知」の本質は、次の言葉に象徴される。

「進化のプロセス」も「進化」する。

この言葉は、何を意味しているのだろうか?

進化し続ける「宇宙」

まず、この「進化のプロセスも進化する」ということの意味を、宇宙の歴史を振り返ることによって説明しておこう。

「複雑系」とは、ある意味で「進化系」とでも呼ぶことのできるものであり、「進化」し続けることを一つの特徴としている。そして、この「進化」というものは、宇宙一六〇億年の歴史を振り返ると、いくつかの段階を経て進んできたことが理解できる。

これを概観的に述べてみよう。まず、ビッグバン理論やインフレーション宇宙論で論じられる「宇宙創世」の直後に「物質進化」の段階が始まった。この段階においては、軽い元素が集まって重い元素を生成したプロセスや、宇宙空間に漂う宇宙塵が、気の遠くなるほどの時間をかけて集まり、恒星を生成したプロセスが存在した。そして、次にやってきた段階が「化学進化」の段階である。これも、当初存在した無機物が有機化合物を生成したプロセスや、有機化合物の系において自己組織化が生じた散逸構造的なプロセスが存在した。特に、この「散逸構造」のプロセスは「生命発生」の前段階であり、このプロセスを経て、「生命」が発生したと考えられる。次いで、この「生命発生」の後に、「生命進化」の段階がやってきた。この段階を論じた古典が、例えば、ダーウィンの「種の起源」

であり、最先端の理論が、リチャード・ドーキンスの『利己的な遺伝子』である。さらに、この「生命進化」の段階において「意識」が芽生え、「人間」が誕生することによって、遂に、高度な「精神」が生まれたわけである。そして、この人間の精神の営みが生み出した文明や社会や組織というものも、やはり進化を遂げていく。この進化は、おそらく「文明の進化」や「社会の進化」「組織の進化」とでも呼ぶべき領域であるが、この領域においては、「進化のプロセス」そのものが、未だほとんど解明されていない。

これらの壮大なプロセスから深く理解できることは、「進化のプロセス」そのものが「進化」してきたという事実である。すなわち、「物質進化」のプロセスと「生命進化」のプロセスは、異なった法則に支配されており、「生命進化」と「意識進化」のプロセスも異なった法則に導かれている。このことは、「文明の進化」「社会の進化」「組織の進化」においても同様である。

要するに、新しく出現してきたレベルにおいて進化を支配する法則は、それまでのレベルにおいて進化を支配してきた法則とは、まったく異なったものとなるのである。それが、「進化のプロセスも進化する」ということの意味である。

「超進化の知」が我々に教えてくれるのは、まさに、このことに他ならない。

経営における「法則」の限界

それゆえ、経営者が、この「超進化の知」から学ぶべきは、まず、「法則」(law)という発想の限界である。

例えば、マーケティングにおいても、「ランチェスターの法則」や「セグメンテーション戦略」など、これまで一定の有効性を発揮してきた「法則」や「戦略」がある。これらは、あくまでも「現在の市場」の基本的性質を前提として成立しているものであり、もし「市場」そのものが進化し、その基本的性質が変わっていく場合には、これらの法則や戦略は有効性を発揮しえない。すなわち、「現在の市場」が進化した後の「未来の市場」においては、必ずしも成立しないのである。

この例は、決して一般論を述べているわけではない。この「市場の進化」という問題は、実は極めて目前に迫った問題なのである。

最近、グローバル・ネットワークのインターネットを舞台に出現しつつあるエレクトロニック・コマースは、確実に、この「市場」というものを「進化」させていくだろう。まず、市場そのものが、これまでの「情報ゲーム市場」から「情報バリアフリー市場」へと進化する。また、消費者は「受動的消費者」から「戦略的消費者」へと進化する。そして、企業は、「仮想企業体」へと進化していく。それらは、いずれも、その基本的性質を大きく変えていくのである。

従って、現在の市場において有効な「法則」や「戦略」と、この進化した市場において有効な「法則」や「戦略」とは、大きく異なったものとなるだろう。このため、おそらく数年のうちに、経営学における「マーケティング」の教科書は、その多くが書き換えられることになるだろう。

なお、この「エレクトロニック・コマース」の出現による、市場、消費者、企業、商品、商品開発プロセス、市場創造プロセスの進化については、拙著『これから日本市場で何が起こるのか』(東洋経済新報社)において、そのビジョンを述べているので、興味を持たれる読者は、参照していただきたい。

「ゲームのルール」を書き換える

このように、「進化のプロセスも進化する」という「超進化の知」のメッセージは、経営者に、進化した企業、進化した市場、進化した社会における新しい「法則」と「戦略」を理解することの重要性を教えてくれる。

しかし、このメッセージが経営者に伝えようとすることの本質は、さらに深いところにある。

それは、「ゲームのルールそのものを書き換える」ということである。

具体的な例を挙げて説明しよう。例えば、いま、情報技術の分野では、市場ゲームのルールが書き換えられようとしているのである。これまで、この分野における最も重要な「戦略」は、言うまでもなく、「デファクトスタンダード」(事実上の標準)の戦略であった。これが大きく変わろうとしている。これから重要になる戦略は、おそらく、「インターオペラビリティ」(相互運用性)の戦略になっていくだろう。

これまで、情報技術のビジネスにおいて大きな利益を得るためには、自社の製品を市場におけるデファクトスタンダードにすることが、極めて重要であった。周知のごとく、パーソナルコンピュータのOS(オペレーティング・システム)としては、現在、マイクロソフト社の「ウィンドウズ」がデファクトスタンダードの地位を獲得しており、いかなるコンピュータ・メーカーといえども、ソフトウェア・ベンダーといえども、このOSを無視して自社の戦略を展開することはできない状態になっている。まさに「マイクロソフト帝国」と呼ばれる状況である。そして、この状況を「市場ルール」の観点から見るならば、現在成立してしまっている「市場ルール」は、「マイクロソフト社のOSを使わない限り、ビジネスができない」という事実上のルールに他ならない。

もとより、このマイクロソフト社の戦略に対する「対抗戦略」として、理論的には、「ウィンドウズ」に代わる「新しいOS」を市場に普及させるという戦略が考えられるのだが、ブライアン・アーサーの「収穫逓増」や「市場ロックイン」の理論にも示されるように、ひとたび確立されたデファクトスタンダードを打ち破り、新たなデファクトスタンダードを確立することは、文字どおり〝至難の技〟である。

従って、これまでの状態は、マイクロソフト社の競合企業にとって、言わば、「この市場ルールで勝負する限り勝ち目はない」という状態であった。逆に言えば、こうした状態を優れた洞察と卓抜な戦略で築き上げたからこそ、ビル・ゲイツの「経営者」としての、そして「戦略家」としての手腕が高く評価されるわけである。

「メタ戦略」の出現

しかし、競合企業にとっては「手詰まり」とでも言うべき、こうした状態において、まったく新たな戦略が生みだされつつある。

それは、端的に言えば「この市場ルールで勝負する限り勝ち目はない」という状態において、その「市場のルール」そのものを書き換えるという「メタ戦略」である。そして、それが「インターオペラビリティ」というまったく新たな戦略なのである。

「インターオペラビリティ」とは「相互運用性」と訳されるものであるが、異なった「技術標準」（スタンダード）の間でも、それらを相互に接続し、運用できる技術システムのことである。こうした技術システムが可能になったのは、何よりもコンピュータの性能が圧倒的に向上してきたからであるが、このインターオペラビリティの戦略が、これからの情報技術のビジネスにおいて、デファクトスタンダードの戦略に対抗する最も優れた戦略となっていく。

このインターオペラビリティを実現した技術システムの具体例が、他ならぬ、「インターネット」である。インターネットにおいては、いかなるOSを用いたコンピュータでも結びつくことができる。ウィンドウズであろうが、マックOSであろうが、UNIXであろうが、OSを問わずに利用できるのである。

そして、このインターネットの普及を圧倒的に促進したのが、世界中に無料で配布された「ネットスケープ・ナビゲータ」であり、これを行ったのが、ジム・クラークが設立した「ネットスケープ社」であった。

また、このインターネットを利用して、廉価で最小の機能をもった情報端末と中央コンピュータの新たな役割分担を提唱する「ネットワーク・コンピュータ構想」。この構想を提唱したのがローレンス・エリソンが率いた「オラクル社」であった。

さらに、このネットワーク・コンピュータの世界での新たなソフトウェアとデータの利用形態である「Ｊａｖａ」。これを提案したのがスコット・マクネリーが率いた「サン・マイクロシステムズ社」であった。

「包み込みの戦略」の時代

これらの技術は、いずれも極めて優れた技術であったが、ここで注目するべきは、その「技術」としての斬新さではなく、「戦略」としての卓抜さである。

言うまでもなく、これらの企業群は、まさにマイクロソフト社の「ウィンドウズ」のデファクトスタンダード戦略に対する「対抗戦略」として、これらの戦略を推進したのである。そして、この戦略の卓抜さは、先に述べた「戦略的な手詰まり」の状態において、マイクロソフト社の戦略に「正面」から対抗することをせず、「包み込みの戦略」を採ったことである。

すなわち、不動の地位を誇るＯＳである「ウィンドウズ」に対して、新たなＯＳをデファクトスタンダードにするという「正面対抗戦略」を採らず、「いかなるOSでも利用できる」という新しい技術システムを提案し、普及するという「インターオペラビリティ」の戦略を採ったわけである。

「共生の戦略」としてのインターオペラビリティ

これは、明らかに「戦略の進化」である。そもそも、デファクトスタンダードの出現は、エンドユーザーから見れば「様々な技術標準が林立して使いにくい」という状況を回避するが、その反面、ひとたびそれが成立した後は、いわゆる「市場ロックイン」が生じてしまうため、新しい技術が次々と生まれてくるにもかかわらず、エンドユーザーは古くなった技術や必ずしも最高とは言えない技術を使い続けることを余儀なくされる。

しかし、インターオペラビリティの実現は、こうした問題を新たなレベルで解決する。すなわち、エンドユーザーに対しては、いかなる技術標準でも、その違いを意識せずに利用できるというメリットを提供し、同時に、新しい優れた技術が生まれてきたときにも、これを「デファクトスタンダードではない」という理由によって排除することなく、その優れた側面がエンドユーザーに受け入れられる「チャンス」を与えることができる。

それゆえ、このインターオペラビリティの戦略は、ある意味では、「共生の戦略」であるとも言える。様々な技術標準が互いに相手を排除することなく、そのメリットを発揮して、それを求めるエンドユーザーのニーズに応えていくという「共生」を可能にするわけである。

そして、このインターオペラビリティの実現による「共生の戦略」は、デファクトスタンダードの地位を獲得していない技術にとっては、最も優れた対抗戦略であり生存戦略なのである。改めて言うまでもなく、この戦略の卓抜さは、まず、エンドユーザーにとっての「便利さ」を追求するものであるため、エンドユーザーの賛同を得ることができることであり、より優れた新しい技術が普及する「可能性」を大切にするものであるため、世論の賛同を得ることができることである。それゆえ、デファクトスタンダードを獲得している企業にとっても、このインターオペラビリティの戦略は、受け入れざるを得ない戦略となっているのである。

企業の進化を促す「価値の多様性」

こうした「共生の戦略」の前提にあるのは、「多様性」の大切さを認める思想である。

「複雑系の知」が「進化」について教えることの中で、最も深いことの一つは、この「多様性」の大切さである。自然、社会、人間のいずれを問わず、この「多様性」というものを内包し得ないシステムは「脆弱」である。恐竜の突然の絶滅や古代文明の突如の消滅も、一つの原因は、この「多様性」の喪失による「システムの脆化」にあったと言われる。

このことを理解するならば、社会や市場に出現する「技術の生態系」においても、多様な技術が共存していくことが望ましい。この「インターオペラビリティ」という技術思想の重要性は、まさに、それが「共生の思想」であり「多様性の思想」であるからに他ならない。

そして、このシステムが、文明、社会、企業などの「精神を含むシステム」である場合に重視されるべきは、「価値の多様性」である。すなわち、文明、社会、企業などの進化を促していくためには、その中で、様々な価値が共存し、活発な相互作用を行い、その相互作用の中から、新しい価値が創造されるプロセスを大切にしなければならない。

それゆえ、「複雑系の知」が経営者に教えることは、「価値の多様性」を許容する企業文化こそが企業を進化させるということである。

「複雑系の知」第六のメッセージ

要するに「超進化の知」とは何か？

それは、「進化のプロセスも進化」するという認識により、「法則」というものの本質を見つめる智恵である。

それは、「法則」というものの限界を知り、「法則」を超えていくための智恵である。

それは、市場においては、市場、消費者、企業、商品の進化の方向を洞察する智恵である。

それは、企業においては、「市場ルール」に制約されず、「市場ルール」そのものを新たに書き直す「メタ戦略」を生み出していく智恵である。

それゆえ、この「超進化の知」が経営者へ伝えるメッセージは、次の言葉に他ならない。

法則は「変わる」、そして「変えられる」。

第7章 「一回性の知」からのメッセージ

未来を「予測」するな、未来を「創造」せよ

「複雑系の知」の第七は「一回性の知」(onceness knowing)である。

この「知」の本質は、次の言葉に象徴される。

「進化の未来」は「予測」できない。

この言葉は、何を意味しているのだろうか?

「非線形性」による予測不能

「複雑系」の世界においては、未来を「予測」(prediction)することはできない。それは、すでに述べた三つの理由からである。

第一は、「非線形性」が存在するからである。

「複雑系」の世界においては、「非線形性」が成立するため、最初の条件のわずかな違いが、大きな結果の違いをもたらしてしまう。従って、仮に、ある「未来予測モデル」を開発し、これによって未来を予測しようと考えても、そのモデルに入力するデータとして「不正確な値」しか分からなければ、その予測結果は大きく外れてしまう。

また、仮に、入力するデータとして「正確な値」が分かった場合でも、これを精度良く計算するためには、最新鋭のコンピュータを用いても膨大な計算が必要となる場合があり、これが実用的な限界を超えてしまうときには、予測は不可能となるからである。

「プロセス進化」による予測不能

第二は、「プロセスの進化」が生じるからである。

この「未来予測モデル」を開発するためには、その現象を支配する「基本プロセス」を理解しなければならない。しかし、問題は、ときに、その基本プロセスそのものが、大きく「進化」(evolution)してしまうことである。これは通常の「変化」(change)とは異なるものである。「変化」とは、それが起こる以前も以後も、基本プロセスには違いがなく、連続性を持っているが、「進化」とは、それが起こる以前と以後で、基本プロセスそのものが根本的に異なった不連続なものである。従って、予測を行おうとしている時間スケールにおいて、この「進化」が生じてしまう場合には、その結果を予測することはできなくなる。

例えば、現在の資本主義経済においては、市場や企業の「変化」の速度が極めて速くなっているだけでなく、それらが極めて短期間に「進化」を遂げつつある。こうした状況においては、たとえ数年後といえども市場と企業の状態を予測することは困難になってきている。

「進化プロセスの進化」による予測不能

第三は、「進化のプロセス」も「進化」するからである。

この問題が、未来予測の不可能性を決定的なものにしている。すなわち、たとえ「不連続な進化」が生じるとしても、その「進化」の結果生じる「基本プロセス」の変化を予測することができれば、未来の予測そのものは可能である。問題の深刻さは、この「進化のプロセス」そのものが進化してしまうことである。

例えば、物質進化のプロセスにおいては、単なる「進化」のプロセスが支配的である。ある環境条件のもとで無機物質の有機化合物への進化が生じるような場合である。

しかし、生命進化のプロセスにおいては、単に与えられた環境条件のもとで生物が進化する場合だけでなく、生物が環境条件そのものを変えながら進化していくという「共進化」のプロセスが生まれてくる。

さらに、文明、社会、企業、人間など、「精神を含むシステム」の進化のプロセスにおいては、「精神」の固有の属性である「未来を予測し、現在の行動にフィードバックする」という意味での「認知フィードバック」が重要な役割を果たす。そのため、その進化のプロセスは、未来の自己を現在に映し出しながら進化していく「鏡進化」（mirror evolution）とでも呼ぶべき進化プロセスとなる（なお、この「鏡進化」とは筆者の提唱する進化概念である）。

こうした「進化プロセス」そのものが「進化」するという状況においては、未来予測は決定的に不可能である。このことを、イリヤ・プリゴジンは、「進化の未来は予測できない」という言葉で象徴的に語っている。

「予測」のパラダイムの終焉

以上述べた三つの理由から、「複雑系」の世界においては、未来を「予測」することはできない。「複雑系の知」が教えるものは、この「予測」という発想の限界であり、「予測」というパラダイムの終焉なのである。

それでは、こうした「予測ができない世界」において、我々は、いかなる行動原理を採るべきなのであろうか?

それを教えてくれるのが、「一回性の知」である。

では、「一回性の知」とは何か?

それは、「法則」という発想の〝対極〟にある「知の在り方」である。

改めて言うまでもないことであるが、「法則」とは「繰り返し」を前提として成立する概念である。すなわち、同じ条件のもとでは、同じことが繰り返し起こること、それが「法則性」というものの本質である。そして、近代科学において、それが「科学」として認められるために重視される「法則性」や「再現性」という概念は、結局、この「繰り返し」を前提とした「知のパラダイム」に他ならない。

しかし、いま、我々が直面しているのは、第六章「超進化の知」でも述べたように、「絶対的な法則は存在しない」という事実なのである。

相対性理論と量子力学の「宣言」

このことは、物理学の世界においても認められつつある事実である。すなわち、物理学においても、空間的スケールが異なれば、そこで成立する法則は異なってくる。ミクロ領域では量子力学、マクロ領域では相対性理論、その中間領域ではニュートン力学である。

さらに、量子力学の不確定性原理は、「観測」という行為の相対性を明確に示し、また、相対性理論は、「時間」という存在の相対性を明らかにした。そして、現代物理学は、さらに進み、散逸構造理論とカオス理論によって、未来の予測不可能性を宣言しつつある。「純粋科学」とでも呼べる物理学の領域においてすら、こうした「認識の相対性」と「未来の不確定性」が認められつつあるのである。ましてや、人文科学と社会科学は、人間の

「主観」「認知フィードバック」「意思」などのファクターが大きな役割を果たす科学である。特に歴史学は、物理学などの「純粋科学」とは異なり、「実験の繰り返し」を行うことができないため、「法則性」「再現性」という言葉を無力にする学問領域である。

では、こうした科学の領域における「知のパラダイム」は、いかなるものであるべきなのだろうか？

求められる「一回性の知」

率直に述べよう。すべては「一回限り」なのである。「繰り返し」など無い。特に、歴史、政治、経済、社会、市場、企業においては、「法則」と呼べるものは無い。現象の表面的な類似性があるがため、「法則」のごとく見えるものは存在するのだが、真の意味での「法則」は存在しないのである。

もとより「人間」や「精神」を扱う人文科学と社会科学が、二〇世紀における物理学や生物学の〝成功〟に目を奪われ、自らも物理学や生物学になろうとしたことが〝迷妄〟だったのである。

いま求められているのは、「一回性」の視点に立って、歴史、政治、経済、社会、市場、企業を論じる研究である。そして、その研究は、明らかに広い意味での「アート」（芸術）となるだろう。

例えば、最近、企業経営において「戦略」（strategy）という言葉が盛んに用いられるようになった。このため、企業戦略や経営戦略に関しては、実に多くの「教科書」や「経営書」が出版されている。

しかし、これらの書籍は、「戦略」の本質そのものを語っているわけではない。なぜならば、「戦略」の本質は、本来、「言葉にて語り得ぬもの」だからである。そして、「戦略」の本質は、まさしく「一回性」を前提とした「アート」に他ならないからである。「アート」である限り、「戦略」の本質は、決して「教科書」や「マニュアル」にはならない。

それは、あたかも、画家が「絵具の調合方法」や「絵筆の使用方法」という「テクネー」（技術）を教科書やマニュアルによって学ぶことができても、絵画という「アート」（芸術）の本質を教科書やマニュアルによって学ぶことはできないのと同じである。それは、本来、体得することによってしか得られぬ「臨床の知」（fieldwork knowing）や「身体性の知」（somatic knowing）であり、本来、言葉にて語り得ぬ「暗黙の知」（tacit knowing）なのである。

画家にとって、ある「心象風景」を与える対象は、ただ「一回」しかないのと同様に、経営者にとって、ある「戦略的判断」を求める局面というものは、やはり、ただ「一回」しかない。その風景とまったく同じ風景は決して存在せず、その局面とまったく同じ局面は決して存在しないのである。

「経営」という名の「アート」

かつて、ハーバード・ビジネス・スクールの老教授が、その退官記念講義の最後に、学生に向かい、次の言葉を語ったと言われる。

諸君。

「経営」というものは「アート」である。

そのことを忘れてはならない。

ハーバード・ビジネス・スクールほどの経営研究のメッカにおいても、そのメッカにおいて研究を究めた老教授においても、究極、到達した認識は、この認識に他ならない。

「経営」とは最高度の「アート」である。特に、「戦略」とは一回限りの「アート」である。なぜならば、たとえ過去のある局面で大成功を収めた「戦略」があったとしても、それが広く知られるようになった瞬間に、それは「戦略」としての有効性を失っていくからである。その戦略に対抗するべき競合企業が、その戦略そのものを事前に「認知」してしまい、過去とは異なった対抗戦略を採ってくるからである。そして、これが「認知フィードバック」というものの重要な意味である。

このように、「戦略」における最も高度な判断は、過去に参考になる事例もなく、頼るべき法則もない、まさに「一回性」を前提とした、極めてアーティスティック（芸術家的）な判断なのである。そして、熟練の経営者は、永年の実践を通じて、こうした判断を行う能力を身につけており、この能力を、日常、当然のごとく発揮しているのである。それゆえ、ビジネスマンが、永い年月をかけて獲得していくべき最高度の知的能力とは、まさに、この「一回性の知」にもとづく能力に他ならない。

「一回性の知」の行動原理

では、この「一回性の知」にもとづくならば、我々は、「未来」に向け、いかなる行動原理を採っていくべきなのであろうか？
その行動原理を明確な言葉で語ったのが、アラン・ケイである。
彼は、次の言葉を語っている。

未来を「予測」する最良の方法は、それを「発明」することである。

このアラン・ケイの言葉に、「複雑系」の世界において、我々がいかに行動するべきかについての「智恵」が語られている。

例えば、これまで経営者は、新しい市場や事業に参入するとき、必ずといって良いほど「市場予測」を行ってきた。しかし、「複雑系」としての性質を強めている現代の市場において、それを「予測」することは極めて困難である。むしろ、これからの時代に求められるのは、明確なビジョンにもとづく「市場創造」を行うことである。すなわち、これからの企業経営においては、「市場調査」や「市場予測」などの客観的手法よりも、「ビジョン」や「目標」などの主観的手法が、一層、重要になってくるのである。

「ビジョン」と「設計図」の違い

しかし、ここで一つ留意しておくべきことがある。それは、「ビジョン」というものと、第二章「創発性の知」において述べた「設計図」というものとの本質的な違いについてである。

この二つの本質的な違いは、「設計図」は「イデオロギー原理」にもとづき、「ビジョン」は「コスモロジー原理」にもとづいているということである。

「イデオロギー原理」とは、「堅い原理」である。基本的には、ある価値観を中心として他の価値観を許容せず、排除する原理である。これに対して、「コスモロジー原理」とは、「柔らかい原理」である。多様な価値観を、その違いがゆえに排除せず、その中に包み込み、多様な価値観同士の豊かな相互作用のなかで、さらに新しい価値観が生まれてくることを大切にする原理である。

そして、このコスモロジー原理にもとづく「ビジョン」を語るときに重要なことは、「言霊」（ことだま）である。「言霊」とは、生命力を持った言葉である。その言葉を聞くことによって、想像力が高められ、新しい価値の創造が促されるような言葉である。こうした「ビジョン」や「言霊」というものは、あくまでも「柔らかい原理」にもとづくものであり、それは、あまりに厳密かつ具体的な言葉で語られるべきではなく、また、あまりに難解かつ抽象的な言葉で語られるべきでもない。

これからの企業経営においては、ますます、この「ビジョン」と「言霊」の重要性が増していくだろう。経営者が深く理解しておくべきことは、「言葉が世界を創る」ということである。

すなわち、経営において「未来」を語るということは、「予測」を語ることではない。

それは、何よりも「意志」を語り、「希望」を語り、「夢」を語ることである。そして、こうして語られた「生命力溢れる言葉」こそが、力強く未来を「創造」していくのである。

「複雑系の知」第七のメッセージ

要するに「一回性の知」とは何か？

それは、「複雑系」の世界においては、未来を「予測」することはできないことを知る智恵である。

それは、「法則」の前提である「繰り返し」が存在しない世界において、「一回限り」の世界において、いかに意思決定し、いかに行動するかを教える智恵である。

それは、「経営」の本質を「アート」としてとらえ、未来を「予測」することよりも、それを「創造」することの大切さを教える智恵である。

それゆえ、この「一回性の知」が経営者へ伝えるメッセージは、次の言葉に他ならない。

未来を「予測」するな、未来を「創造」せよ。

終章

いま、なぜ「複雑系の知」なのか？

　これまで、「複雑系の知」の本質を「七つの知」として語ってきた。そして、「七つの知」が経営者に教えてくれる発想転換を、「七つのメッセージ」として語ってきた。

　もとより、これら「複雑系の知」とは、極めて深い世界であり、限られた紙面で語り尽くせるものではないが、可能な限り、その本質を説明するように努めた。しかし、冒頭に述べたように、その説明は、「複雑系とは何か？」を説明するのではなく、「複雑系は何の役に立つのか？」を説明することを中心にした。多くの人々にとっては、前者の「問い」に対する答えよりも、後者の「問い」に対する答えこそが、最初に知りたい答えなのである。特に、経営者のように、実践的領域に活動する人々にとっては、そうではないだろうか。

従って、本書においては、この「複雑系」という新しい考え方を、自然科学の難解な用語を用いて説明するのではなく、それが、我々がこの日常を生き、働き、生活していくために、いかに役立つかについて語ることをこころがけた。

ひとたび、その新しい考え方の持つ意義を理解した読者は、「複雑系の知」の広大で深遠な領域に自らの力で踏み込んでいただきたい。

いま、なぜ、「複雑系」なのか?

そのうえで、この「終章」においては、第三の「問い」に対する答えについて語っておこう。それは、「いま、なぜ、複雑系なのか?」という「問い」である。

しかし、そのことを論ずるためには、まず、なぜ、この研究領域が「複雑系」と呼ばれるのかを明らかにしておく必要がある。

この研究領域が「複雑系」と呼ばれる理由は、現在、科学の諸分野が共通して直面しつつある「問題」が、まさに、その「複雑性」を「単純性」に還元して扱うことのできない「問題」だからである。

これまでの「知のパラダイム」は、「複雑性」を持つ対象に遭遇したとき、必ず、「まず、対象を単純な要素の集まりへと分割し、その後、分割された要素を個別に詳しく研究し、最後に、それらを総合すればよい」と考えてきた。すなわち、要素還元主義である。

「複雑系」とは、端的に言えば、こうした還元主義的な方法では研究できない対象を総称した言葉である。そして、この言葉に対置して用いられる「単純系」(simplicity)とは、逆に、こうした還元主義的な手法によって研究できる対象を総称した言葉であり、しばしば人間が作った「機械」などが、それに当たるとされている。

しかし、厳密に言えば、我々が生きる、この宇宙、地球、自然、社会、市場、企業、という「世界」のすべてが、「複雑系」なのである。

我々が「世界」を「単純系」と「複雑系」に分類するのは、単なる便宜に過ぎない。これらの分類は、世界が、原理的に、この二つに分類されることを意味しているわけではない。正確に言えば、ある「時間スケール」と「空間スケール」において、その対象が、「単純系」として扱っても大きな問題を生じない場合に、これを便宜的に「単純系」と呼び、要素還元主義的な手法によって扱っているだけなのである。この点も、しばしば誤った解釈が流布されていることなので、敢えて指摘しておきたい。

「知の成熟」としての「複雑系の知」

そして、このように「世界」を「複雑系」として認識することは、決して「新しい理論」の発見でもなく、「古い理論」の革新でもない。

それは、本質において、「世界」に対する我々の「認識の深化」なのである。

言葉を換えれば、「世界」に対する我々の「知の成熟」なのである。

それは「認識の深化」と「知の成熟」の結果、必然的に生まれてきた、「より深みのある世界観」なのである。

例えば、「相対性理論」は、我々の認識の「時間と空間のスケール」をマクロに拡大していくことによる「認識の深化」をもたらした。また、「量子力学」は、我々の認識の「時間と空間のスケール」をミクロに凝縮していくことによる「認識の深化」をもたらした。同様に、「複雑系」がもたらすものは、言わば「複雑性のスケール」を拡大していくことによる、「認識の深化」であり「知の成熟」に他ならない。

このことを理解しておくことが、極めて重要である。

我々人類は、永い年月を重ね、我々の生きる「世界」に対する認識を深めてきた。近代科学技術と西洋合理主義の発達も、そうした「認識の深化」に向けての長足の歩みであったと言える。

しかし、もし、この歩みを「山登り」に喩えるならば、我々は、いま、一つの「峠」を迎えようとしているのである。

そして、その「峠」の彼方に、新しい「何か」が見えてきているのである。それが、「複雑系の知」と呼ぶ、新しい「知のパラダイム」に他ならない。

東洋思想への「知の回帰」

しかし、この新しい「知のパラダイム」には、なぜか、「懐かしさ」が感じられる。

それは、なぜだろうか？

それは、東洋思想の伝統の中に、この「複雑系の知」が、東洋的な「智恵」と「叡智」として、すでに洞察されているからである。

現代科学と西洋思想において新しい「知のパラダイム」とされる、この「複雑系の知」は、人類全体の歴史を顧みれば、決して、まったく新しい「知のパラダイム」ではない。

本書の中でも再三述べたが、「複雑系」の「七つの知」は、東洋思想においては、すでに直観把握されている。また、「七つのメッセージ」の多くも、仏教や禅などの宗教的素養を持ち、永い実践経験を通じて深い智恵を体得した経営者からは、むしろ当然と理解されるものが多いだろう。

そうした意味で、「複雑系の知」とは、人類全体から見るならば、ある意味で「知の回帰」なのである。

この時代の「深刻さ」

しかし、それが、たとえ「知の回帰」であるとしても、なぜ、「いま」、なのだろうか？

その「答え」は、我々の生きる、この時代の「深刻さ」にある。

いま、我々は、多くの解決困難で深刻な課題に直面しているのである。

例えば、地球環境問題。この問題は、これまでの「要素還元主義」の手法によっては解決ができない。環境工学、環境経済学、環境政治学、環境倫理学など、多くの学問分野が「学際的協力」を行い、政府、自治体、民間企業、大学・研究機関など、多くの社会階層が「業際的協力」を行い、日本をはじめとする多くの国々が「国際的協力」を行うことを抜きにして、それを解決することができない問題なのである。

さらに、例えば、高齢化社会問題。この問題は、いま述べた「学際的協力」や「業際的協力」に加えて、「高齢者・弱者への精神的な支援」や「死にゆく人々へのターミナル・ケア」という面での新しい考え方が求められている。それは、単なる制度的な対策だけでは解決できない問題であり、これまでの「機械的世界観」の手法によっては「解」が見出せない問題である。求められているのは、より深く「生命」や「精神」というものに立脚したアプローチなのである。

このように、「複雑系の知」の、もう一つの本質は、近代科学技術や西洋合理主義に対する〝見直し〟として現れてきていることにある。そのことを理解することが重要である。すなわち、「複雑系の知」とは、これまでの「要素還元主義」と「機械的世界観」を二つの柱とする「機械論パラダイム」に対する〝異議申し立て〟として現れてきているのである。それゆえ、この「複雑系の知」とともに誕生しつつあるのは、「全包括主義」と「生命的世界観」を二つの柱とする「生命論パラダイム」に他ならない。このことは、次の第二部で詳しく語ろう。

ヴィトゲンシュタインの言葉

しかし、我々がさらに深く見つめておくべきことは、この「複雑系の知」というアンチテーゼが、まさに、近代科学技術と西洋合理主義の〝胎内〟から誕生しようとしていることである。それは、決して、東洋思想の中から誕生しようとしているわけではない。その思想の本質が、まさに東洋思想の奥深くに宿る「叡智」であるにもかかわらず。

それは、なぜか？

このことを考えるとき、著者には、かつて『論理哲学論考』において「ロゴス」（論理）の深奥を極めた、哲学者ルードウィヒ・ヴィトゲンシュタインの言葉が聞こえてくる。

　我々は、「言葉」にて語り得るものを語り尽くしたとき、

　「言葉」にて語り得ないものを知ることがあるだろう。

「複雑系の知」が、我々に教えるものは、究極、このことに他ならない。

第II部［二一世紀の知の潮流］

生命論パラダイム

第1章　地球規模の諸問題

グローバル・プロブレム

目前に迫った二一世紀は、我々人類にとって、どのような世紀になるのだろうか。

この誰もが抱く問いに、一つの答えを示した報告書がある。

一九九二年に発行された『限界を超えて』というレポートである。

マサチューセッツ工科大学（ＭＩＴ）のメドウズ教授らによって書かれた、この報告書には、次のような二一世紀予測が述べられている。

人間が必要不可欠な資源を消費し、汚染物質を産出する速度は、多くの場合すでに物理的に持続可能な速度を超えてしまった。物質およびエネルギーのフローを大幅に削減しない限り、一人当たりの食糧生産量、およびエネルギー消費量、工業生産量は、何十年か後にはもはや制御できないようなかたちで減少するだろう。（傍線筆者）

このメドウズ教授らによる警鐘は、深刻な響きを持っている。人類は、現在の人口爆発、食糧不足、資源枯渇、エネルギー危機、そして環境汚染という地球規模の諸問題を解決することができなければ、二一世紀中にも、存亡の危機に瀕する可能性があるというのである。

しかし、実は、この警鐘は既に二五年前に鳴らされていたのである。

『成長の限界』という報告書が、その警鐘であった。

一九七二年、ローマクラブの委託を受けた、同じくメドウズ教授らのＭＩＴグループは、この報告書を発表し、これら「地球規模の諸問題」に対して早急に対策を講じなければ、人類社会の成長は、今後一〇〇年以内に限界に達するということを述べていたのである。

この報告書は述べている。

世界人口、工業化、汚染、食糧生産、資源の消耗などの点で、現在のような成長が不変のまま続けば、今後一〇〇年のあいだに地球上での成長は限界に達するであろう。その結果、最も起こる見込みの強い結末は、人口と工業力の突然の、制御不可能な減退であろう。（傍線筆者）

明らかに、この『限界を超えて』と『成長の限界』という二つの報告書は、同じ予測を述べている。ただ一つの違いを除いては。

その「ただ一つの相違」とは、一九七二年の『成長の限界』が、今後一〇〇年のあいだに人類は危機に直面する可能性があると述べているのに対し、一九九二年の『限界を超えて』は、何十年か後には人類の危機が生じると述べている点である。

そして、この「一〇〇年」から「何十年」への表現の変化は、人類の危機がやってくる速度が「加速」されていることを意味しているのである。

その「加速」の原因は、何よりも、この二つの報告書の間に横たわる二〇年という歳月に、我々人類が地球規模の諸問題に対して何ら有効な対策を講じてくることが出来なかったことにある。

いまこの瞬間にも、人口爆発は加速度的に続いている。そして、先進諸国が「飽食の時代」を謳歌している一方の極で、アフリカやアジアの発展途上国においては、危機的な食糧不足が生じ、大量の栄養失調者と餓死者が生み出されている。

一方、資源枯渇やエネルギー危機も、環境汚染と深く結びつきながら、「地球環境問題」として、さらに深刻な姿を現しつつある。化石燃料の使用に伴う大気中の二酸化炭素の増大は、「温室効果」を発生させ、数十年のうちに地球の気候を根本的に変化させてしまう可能性がある。そして、これが現実となった時に人類が受ける被害は想像を絶しているのである。

いま我々人類が直面している人口爆発、食糧不足、資源枯渇、エネルギー危機、そして環境汚染という地球規模の諸問題を解決することは、国家の利害を超えた世界共通の最優先課題として存在している。

それは、誰の目にも明らかである。

しかし、これら地球規模の諸問題の解決は、残念ながら、我々人類にとって、極めて困難な課題となっているのである。

そして、その困難さの本質は、これらの諸問題が「科学技術」の発達のみによっては解決できないという点にある。

一九六〇年代に人類を月に到達させることを可能にした科学技術も、これらの諸問題の解決においては無力さを露呈している。「バイオテクノロジーによる食糧増産」「海底資源の採取技術」「原子力発電によるエネルギーの無限供給」「グローバル・エンジニアリングによる地球環境の改善」などの〝美しい謳い文句〟によって解決できるほど、これらの諸問題が簡単な問題でないことに、我々は気づきつつある。

例えば、地球温暖化を防止するために、現在、我が国においても「二酸化炭素の回収技術」の開発が行われている。しかし、この技術により先進国の火力発電所からの二酸化炭素の放出低減を行ったところで、その効果は微々たるものである。むしろ、こうした〝解決策〟は、新たに、エネルギー・コストの大幅な上昇という問題や、大量に発生する回収二酸化炭素の最終処分の問題を生み出すことになる。

「環境問題の解決のための技術的努力が新たな環境問題を生み出す」というアイロニカルな問題に、我々は直面しているのである。

では、これらの環境問題を解決するためには、どうすれば良いのか？

地球温暖化を防止するために、より効果的な対策は、例えば、発展途上国における森林破壊を防止することであり、先進国における民生分野での省エネルギーを進めてゆくことである。しかし、こうした対策を実行するためには、新しい技術の開発だけでなく、社会システムの改革やライフスタイルの変革に正面から取り組むことが求められる。

発展途上国における森林破壊は、人口増大に伴う食糧増産のための耕作地の拡大が一つの原因であるが、この人口増大と食糧不足は、「人口増大が貧困を招き、貧困が人口増大を招く」と言われる社会システムの悪循環を形成している。そして、この問題を解決するためには「南北間経済格差」を解消するためのグローバルな社会システムの改革が求められる。

また、先進国における省エネルギーや資源リサイクルを促進してゆくためには、単に環境規制を強化するだけでは不十分である。何よりも、人々の自発的な環境保護意識を高め、「持続可能な社会」を支える新しいライフスタイルを創造してゆくことが不可欠の課題となっているのである。

このように、我々人類が直面する「地球規模の諸問題」(グローバル・プロブレム)を解決するために、いま真に求められているのは、〝科学技術万能〟の幻想にもとづいた新しい技術の開発ではなく、グローバル・システムとしての社会システムの改革であり、グローバル・マインドにもとづくライフスタイルの変革に他ならない。

フロンティア・プロブレム

我が国が解決に取り組まなければならない問題は、この「地球規模の諸問題」（グローバル・プロブレム）だけではない。先進国の中でも有数の〝トップ・ランナー〟となった我が国は、これまで諸外国が経験したことの無い「成熟社会の諸問題」（フロンティア・プロブレム）の解決にも取り組んでゆかなければならない。

例えば、社会・経済の領域では、社会的費用の増大、価値の多様化、人口の高齢化、などの新しい問題に取り組んでゆかなければならない。

「社会的費用の増大」は、地球環境問題の深刻化を背景として、ますます大きな問題となっている。環境破壊によって発生する被害のコストや、環境保全のために必要となるコストは、「社会的費用」と呼ぶべきものであるが、このコストを、何らかの形で「市場経済」の内部に反映させ、適切な市場原理によってその最小化を図ってゆくことが求められる。

しかし、この「社会的費用の内部化」を行うためには、環境技術の開発や環境規制の整備を行う必要があり、単に経済学の領域だけでなく技術の領域や行政の領域をも含めた学際的協力による検討を進めなければならない。そして、このことが、「社会的費用の内部化」という抽象的な政策論は合意されているにもかかわらず、その費用算定方式や費用負担方式が具体的に定まらない原因である。

また、「価値観の多様化」は、先進国における「文化の成熟」の反映であり、それが社会における創造的活動を活性化するというプラスの側面はある。しかし、一方、それが社会における意思決定の困難さが増大させるというマイナスの側面も生まれている。

例えば、先進国においては、選挙などを通じて国民に政策的選択を問う際、発達したマスメディアを通じて、理性的判断に不可欠な客観的情報だけでなく感性的選好に訴える情緒的情報が氾濫する傾向が生まれており、冷静な政策論議よりも社会心理的な選好が容易に生じやすくなっている。

また、我が国おいては、戦後の政権の安定性と政策の継続性が、世界に類を見ない経済成長を支えてきた反面、政治の腐敗と政策の硬直をもたらすという大きな弊害を生みだしている。この弊害を克服するためには、単に政治倫理の問題や官庁の体質を批判するだけでは不十分であり、我が国における政治風土の問題や政治文化の問題を、国民自らが問う必要がある。そして、「自由主義」と「民主主義」という思想の意味を、その本質的矛盾を含めて、より深い次元で理解することが必要となっている。

さらに、「人口の高齢化」は、単なる産業構造の変化や福祉政策の充実といった問題を超えて、社会に対して「価値観の成熟」を求めている。

高齢化社会の問題は、単なる「老人問題」ではない。それは、人々に対して「クオリティ・オブ・ライフ」の意味を深く問いかけているのである。言い換えれば、時代は、高齢化社会の問題を通じて、人間の「老」「病」「死」に関する精神的なターミナル・ケアをも見透した「成熟した社会」の形成を求めている。社会には、「価値観の多様化」だけでなく「価値観の成熟」が求められていると言える。

こうした「成熟社会の諸問題」は、産業・経営の領域においても様々に現れている。例えば、地球環境問題や成熟社会問題を背景に、我が国の企業には、「環境調和」「社会貢献」「製造物責任」といった課題を通じて、社会性と公共性に関する企業姿勢が問われている。

また、我が国の企業は、「国際化」「異業種提携」「垂直統合」などの課題を通じて、あらゆる領域での「ボーダレス化」を経験するとともに、国際協調や産業育成に関する国家政策と連携した企業活動の在り方が問われている。

こうした「社会の公器」としての企業活動や、「国家政策」と連携した企業活動などは、従来の経営学において十分に検討されてこなかった課題であり、時代は、こうした意味でも新しい企業理論や経営理論の創造を求めているのである。

さらに「成熟社会の諸問題」は、科学・技術の領域においても現れている。例えば、遺伝子操作、宇宙開発、原子力発電などに代表されるように、技術の高度化、複雑化、巨大化が進んだ結果、「環境影響」や「安全性」の点で潜在的なリスクが極めて大きなものとなっている。

そして、これらの先端技術は、一般の人々にとって容易に理解しにくいものであるため、これらを社会において利用する際に「パブリック・アクセプタンス」（社会的受容）を形成することが困難になってきている。また、遺伝子操作微生物や放射性廃棄物の環境影響評価に関しては、従来のシステム工学的アプローチの限界が指摘されている。さらに、エイズ治療法の開発の困難さに象徴されるように、従来の医療技術における対症療法的アプローチにも限界が見えている。

一九六〇年代に支配的であった「科学技術の神話」「科学万能の夢」にも、二一世紀を迎えようとする今日、こうした暗い陰りが見えてきているのである。

このように、我が国は、二一世紀に向けて世界の先進国が直面してゆく「成熟社会の諸問題」（フロンティア・プロブレム）にも〝トップ・ランナー〟の一人として取り組んでゆかなければならない。しかし、これらの成熟社会の諸問題は、海外においても過去に前例が無いため、十分な経験やデータの蓄積も無く、問題解決に有効な社会モデルや企業モデルも存在していないのが現状である。

従って、いま真に求められているのは、こうした成熟社会の諸問題を解決するために有効な、社会、政治、経済、文化、企業、人間などに関する「新しい思想と理論」を創造することである。

第3章

求められる「知のパラダイム」の転換

このように、二一世紀を目前にした現在、我が国は、地球規模の諸問題（グローバル・プロブレム）と、成熟社会の諸問題（フロンティア・プロブレム）という、二つの解決困難な諸問題に直面している。

まず、地球規模の諸問題を解決するためには、新しい技術を開発するだけでなく、社会システムとライフスタイルを変革するという困難な課題に取り組まなければならない。そして、成熟社会の諸問題を解決するためには、社会、政治、経済、文化、企業、人間などに関する新しい思想と理論を創造するという、やはり困難な課題に取り組まなければならない。

もとより、これまで多くの知の領域において、社会システムを変革するための理論や方法が探究され、社会、企業、人間などに関する新しい思想と理論を創造する努力がなされてきた。それにもかかわらず、我々は、これら諸問題の解決を可能とする思想、理論、方法を、未だに見いだしていないのが現状である。

しかし、知の諸領域において、いま、注目すべき潮流が生まれつつある。近年、さまざまな領域において、「生命体」や「生態系」の優れた特長に学ぶ、新しい思想と理論が創造されているのである。

例えば、社会・経済、産業・経営、科学・技術など、多くの領域において、エントロピー、ゆらぎ、自己組織化、ホロン、シナジー（協働）、ホメオスタシス（恒常性）、メタボリズム（代謝）、進化、共生、エコロジーなど、「生命」に特有のキーワードが用いられているのである。

まず、社会・経済の領域においては、地球環境問題の深刻化を反映して、環境と調和したメタボリズム型都市、地球生命圏ガイアと人類の共生、などが論じられ、こうした観点から、これまでの主流派経済学が見落としてきた領域に光をあてる「環境経済学」や「エントロピー経済学」が再評価されつつある。

また、複数の異質な価値観が共存する現代社会においては、これら多様な価値観の相互作用を通じて、積極的に「価値のゆらぎ」を生み出し、この「ゆらぎ」を通じて新しい価値の「自己組織化」を促進してゆく方法が提唱されている。「ゆらぎを通じての自己組織化」は生命における進化の在り方であるが、このように生命モデルに学ぶことによって、社会の進化の道が模索されている。

産業・経営の領域においては、企業の寿命、企業の進化、未来適応企業、ホロン型経営、ゆらぎと企業の自己革新など、企業を一つの〝生き物〟と見なすことにより、生命に学ぶ洞察的な議論が展開され、新しい企業モデルが創造されつつある。

科学・技術の領域については、改めて論じるまでもない。

生物を利用する技術であるバイオテクノロジーや、生物を模倣する技術であるバイオミメティックスなどの急速な発達が何よりも象徴的である。さらに興味深いのは、こうした生命に学ぶ新しい思想と理論が、人間の脳の仕組みに学ぶニューロ・コンピュータ技術や、人間の判断能力に学ぶファジー工学など、情報工学の領域においても創造されていることである。

また、都市工学の領域においても、エネルギー利用や廃棄物処理を最適化したメタボリズム型都市など、生命に学ぶ新しいコンセプトが創造されている。

では、こうした生命に学ぶ新しい知の潮流の出現は、果して何を意味しているのだろうか。

それは、いま我々が直面している諸問題を根本的に解決するためには、単に新しい理論や方法を創造するのではなく、その前提となる「物の見方の基本的枠組み」や「物の考え方の基本的発想」、すなわち「パラダイム」そのものを大きく転換してゆくことが必要であることを意味している。

そして、時代は、これまでの科学技術と機械文明を支えてきた、古い「知のパラダイム」ではなく、生命や生態系の在り方に学ぶ、新しい「知のパラダイム」を求めているのである。

すなわち、いま、求められているのは、何よりも、「知のパラダイム」の転換に他ならない。

では、古い「知のパラダイム」とは、どのようなものだろうか。

そして、新しい「知のパラダイム」とは、いかなるものだろうか。

第4章

「機械論パラダイム」の限界

近代から現代にいたるまで、人類社会の発展を支えてきたのは、科学技術の急速な発達であるが、その基盤となったのが、一七世紀にニュートン、デカルトらにより確立された「近代科学」であった。

そして、この近代科学とは、いわば「機械的世界観」と「要素還元主義」を二つの柱とする知のパラダイムの上に成立していた。

ここで、機械的世界観とは、「世界は、いかに複雑に見えようとも、結局は、一つの巨大な機械である」という発想にもとづく世界の見方である。そして、要素還元主義とは、「何かを認識するためには、その対象を要素に分割・還元し、一つ一つの要素を詳しく調べたのち、これらを再び集めれば良い」という考え方が存在している。

このように、近代科学の根底には、「世界は巨大な機械であり、この機械を理解するためには、これを分解し、詳細に仕組みを調べれば良く、この機械を利用するためには、機械を適切に設計し、制御すれば良い」との考え方が存在している。

こうした機械的世界観と要素還元主義を〝車の両輪〟とする知のパラダイムが、すなわち「機械論パラダイム」であり、近代以降の社会において支配的な知のパラダイムであった。

そして、現代社会においても、この機械論パラダイムは、様々な知の領域において支配的な影響力を持っており、諸科学の最先端において、なお、多くの成功を収め続けている。機械論パラダイムは、現代社会において、依然として有効な知のパラダイムであると言える。

しかし、機械論パラダイムにもとづく科学技術の発達と科学的手法の「成功」の一方で、我々は機械論パラダイムの持つ『限界』にも改めて気づきつつある。その限界とは、「全体を分割するたびに、大切な何かが失われてゆく」という問題である。言葉を換えれば、「全体は部分へと分割することはできるが、一度分割した部分を再び組み合わせても、元通りの全体に復元することはできない」という問題である。それは、あたかも、生きた魚を解剖したのち、これらを再び縫い合わせても、もとの生きた魚は復元できないことに似ている。

そして、こうした問題が生じる根本的理由は、我々が対象とする世界が、地球環境であれ、資本主義社会であれ、企業組織であれ、人の心であれ、様々な要素によって有機的に構成された「関係性の織物」「関係性のネットワーク」であり、まさに生命体のごとく、ひとたび部分に分割した瞬間に「大切な何か」が失われてしまう存在であるからに他ならない。

ここに、「世界は巨大な機械である」とする機械的世界観の持つ〝落とし穴〟がある。

一方、要素還元主義に伴って陥りがちな過ちに対しても注意を払う必要がある。すなわち、対象を要素に還元し、分析してゆく際に、必ず「重要でない」と考えられる要素を捨て去ってゆく。この際に、「何が重要であり、何が重要でないか」の判断基準は、対象を分析する以前の認識レベルによって設定されるわけであり、重要と非重要の判断は、あくまでも一つの「仮説」に過ぎない。

しかし、往々にして、一度ある仮説が採用された後は、あたかもその仮説が正しく、適切な要素還元がなされたという〝幻想〟が形成されてしまう。

ここに、要素還元主義から派生する「近似主義」の〝落とし穴〟がある。

例えば、現在、オゾン層破壊の原因として問題となっているフロンガスは、その工業的利用の際に、当然、しかるべき安全審査を受けている。問題は、その審査における安全評価シナリオの中から「オゾン層破壊の可能性」が見落とされたことにある。これは、当時のオゾン層に関する科学的認識の水準からは避け得なかったことであるが、結果として、我々は、「重要な要素」を「重要でない要素」とみなし、見過ごしたわけである。

また、要素還元主義から派生するもう一つの問題として「専門主義」がある。

すなわち、要素還元主義は、対象に関する研究を様々な専門分野の研究へと細分化する傾向がある。この専門分野への細分化のため、学際的協力によって解決されるべき課題を解決することが困難になるという問題が生じる。

従って、こうした「専門主義」の弊害を克服するためには、各専門分野における価値観や専門用語の相違を超えて「学際的協力」を進めてゆくための有効な方法論を確立する必要がある。

しかしながら、例えば「高齢化社会」の問題は、労働機会、生涯教育、老人医療、住環境、介護サービス、精神医療、ターミナル・ケアなど、多くの分野の協力によって総合的解決が図られるべき問題であるが、いまだ有効な学際的協力のフレームワークが確立されていないのが現状である。

さらに、この「専門主義」が生み出すもう一つの傾向として、「知と行の分離」がある。すなわち、現代社会においては、問題の解決策を論ずる「知」の専門家と、問題解決を実行する「行」の専門家が分離する傾向が生まれる。

しかし、先に述べた諸問題を真に解決しようとするならば、異なった分野の共同という意味での「学際的協力」だけでは不十分である。加えて求められるのは、「知」と「行」の共同を実現する「社会的協力」、例えば、政策研究者と行政官、学識者とフィールドワーカー、経営コンサルタントと企業経営者など、「知」の専門家と「行」の専門家との密接な協力である。いま時代が求めているのは、その意味で、まさに新しい「知行合一」の思想であると言える。

二〇世紀を顧みるならば、機械的世界観と要素還元主義を〝車の両輪〟とした機械論パラダイムは、そのプラグマティック（実用主義的）な有効性ゆえに、多くの知の諸領域においてめざましい成功を遂げてきた。しかし、機械論パラダイムは、その手法によって解決可能な問題の多くを解決してきた現在、改めて、知のパラダイムとしての限界に直面しつつある。

確かに、近代科学と近代社会の発展の原動力となった機械論パラダイムは、現代に至るまでの「道」において、多くの成果を残し、たゆみない前進を遂げてきた。

しかし、その「道」は、いま「峠」を迎えつつある。

そして、その「峠」の彼方に、新しい何かが見えてきているのである。

第5章

生命論パラダイムにおける視点の転換

「機械論パラダイム」に限界が見えつつある現在、この「峠の頂」において、我々の視界に開けてきているのは、「生命論パラダイム」と呼ぶべき新しい知のパラダイムである。

近代から二〇世紀に至るまでの時代において支配的であった知のパラダイムが、機械的世界観と要素還元主義を両輪とした「機械論パラダイム」であったとするならば、二一世紀において大きな潮流となる新しい知のパラダイムは、生命的世界観と全包括主義を両輪とする「生命論パラダイム」である。

このことは、既に、様々な知の領域において、多くの人々によって予感されている。そして、こうした機械論パラダイムから生命論パラダイムへのパラダイムの転換は、次のような視点の転換として特徴づけられ、論じられている。

(1)「機械的世界観」から「生命的世界観」へ
(2)「静的な構造」から「動的なプロセス」へ
(3)「設計・制御」から「自己組織化」へ
(4)「連続的な進歩」から「不連続の進化」へ
(5)「要素還元主義」から「全包括主義」へ
(6)「フォーカスの視点」から「エコロジカルな視点」へ
(7)「他者としての世界」から「自己を含む世界」へ
(8)「制約条件としての世界」から「世界との共進化」へ
(9)「性能・効率による評価」から「意味・価値による評価」へ
(10)「言語による知の伝達」から「非言語による知の伝達」へ

これらについて、それぞれ、簡単に説明しておこう。

(1)「機械的世界観」から「生命的世界観」へ

機械論パラダイムから生命論パラダイムへのパラダイム転換の第一の特徴は、世界を〝巨大な機械〟と見る「機械的世界観」から、世界を〝大いなる生命体〟と見る「生命的世界観」への視点の転換である。

例えば、近年、組織、社会、都市などを、一つの「生命体」と見なす発想が多く見られるようになってきた。

経営学の分野においては、「企業の寿命」や「企業の進化」が論じられ、また、経済学の分野においては、エントロピー経済学などのように、社会システムを一つの〝生き物〟とみなし、社会におけるエントロピー収支を論ずる経済学が再評価されている。また、都市論の分野においても、「メタボリズム型都市」のコンセプトに見られるように、生命体に学ぶことによってエネルギーと物質の代謝を最適化した都市モデルが提唱されている。

地球環境論の分野においては、地球そのものを〝巨大な生命体〟と見なす「ガイア仮説」が注目を集めている。この仮説は、ジェームズ・ラブロックによって提唱されたものであり、地球が、その内部の環境条件を常に一定に保つ「ホメオスタシス機能」（恒常性維持機能）を持つ、一種の生命体であるとする仮説である。

さらに、こうした生命的世界観は、現代宇宙論など科学の最先端の知にも反映されつつある。例えば、ビッグバンに始まる「宇宙の誕生」に関しては、近年、宇宙が〝真空のゆらぎ〟から生まれたというインフレーション宇宙論が提唱されている。この理論にもとづけば、我々の住んでいるこの宇宙は、「真空」（無）という「完全な対称性」の状態から、突如、時間と空間という「対称性の破れ」を生じて誕生したことになる。

そして、こうして誕生した宇宙が、さらに恒星の誕生と死を通じて壮大な「物質進化」をとげ、一六〇億年の歳月をかけて、この太陽系の一惑星である地球上に「生命」を生み出した。さらに、この「生命」は、これに続く数十億年の「生命進化」のプロセスを通じて「人類」を生み出し、この「人類の誕生」によって、ついに宇宙は自己を認識する「精神」を生み出すにいたった。

こうした「宇宙進化」のプロセスを観るとき、宇宙とは、それ自身一つの壮大な「生命的プロセス」であるという理解が生まれる。

すなわち、「宇宙」に時間と空間が存在することによって「生命」が生み出されたのではなく、逆に「生命的プロセス」としての「宇宙」が、対称性の破れを通じて「時間」と「空間」を生み出し、「物質進化」と「生命進化」を進めていると考えることができるのである。

このような、宇宙そのものを生命的プロセスとみる世界観は、近年、スティーブン・ホーキングやブランドン・カーターらの物理学者によって提唱されている「人間原理宇宙論」にも色濃く反映されており、また、エリッヒ・ヤンツの『自己組織化する宇宙』においても体系的な思想として示されている。

この宇宙を生命的プロセスとみる世界観は、仏教思想における「山川草木国土悉皆仏性」(世界のすべてに仏性が宿る)の考えにも通じている。もし、宇宙が一つの壮大な「生命的プロセス」であるならば、その展開から生まれてきたすべての事物に「生命」が宿るという世界観には、東洋思想の持つ深みがある。

このように、生命論パラダイムとは、二一世紀における最先端の「科学技術」と、三〇〇〇年の歴史を持つ「東洋思想」との融合による「知の深化」を予感させる世界観でもある。

(2)「静的な構造」から「動的なプロセス」へ

パラダイム転換の第二の特徴は、世界を「静的な構造」として見る視点から、世界を「動的なプロセス」として見る視点への転換である。

機械論パラダイムにおいては、世界は一つの堅固な「構造」を持ち、この「構造」を解明してゆくことが、世界を認識することであった。

これに対し、生命論パラダイムにおいては、「構造」よりも、むしろ「プロセス」が重視される。なぜならば、生命的プロセスにおいて観察される「構造」とは、本質的には、その生命的プロセスがダイナミックな運動を繰り広げる際に疑似的に形成する「動的構造」であり、「動的安定状態」の別称に他ならないからである。

例えば、我々の身体（肉体）は、通常、生理学的には、骨、筋肉、神経等によって構成される一つの「構造」として理解されているが、その物質的な構成成分は、活発な新陳代謝作用という生命的プロセスによって、日々新しい物質と置き替えられており、実体としての堅固なる「構造」は存在していない。物質的には、今日の肉体は昨日の肉体とは異なったものであり、日々変化し続けているのである。むしろ、生命の本質は、こうした「静的な構造」にではなく、構造を一定に維持する「動的安定性」や、体内の状態を一定に保つ「恒常性維持機能」（ホメオスタシス）などの「プロセス」にこそあると言える。

すなわち、世界を「生命的プロセス」ととらえる生命論パラダイムにおいては、対象の「構造」そのものは究極の認識対象ではなく、その「構造」を深く理解することを通じて、その奥に存在する「プロセス」と「ダイナミックス」の本質を理解することこそが重視される。

(3)「設計・制御」から「自己組織化」へ

パラダイム転換の第三の特徴は、世界を「設計・制御する」視点から、世界の「自己組織化」を促す視点への転換である。

機械論パラダイムにおいては、世界を〝巨大な機械〟とみなすために、世界を変革するための方法として、「設計」と「制御」が重視される。すなわち、世界（機械）を望ましい状態へと変化させるためには、まず、あたかも機械の構造を理解するごとく世界の構造を理解し、その理解にもとづいて望ましい世界を「設計」し、望ましい状態へと世界を「制御」するという方法が用いられるわけである。

これに対して、生命論パラダイムにおいては、世界を生命的プロセスとみなすため、世界を変革するための方法として、「自己組織化」が重視される。

そして、この自己組織化を促進するためには、二つの方法が重要となる。一つの方法は、「未来ビジョン」の創出である。生命論パラダイムにおいて「未来」は未だ決定されておらず、この「未来」を決定するのは、まず何よりも「想像力」と「創造力」を駆使して描かれた、未来に関する「ビジョン」である。

もう一つの方法は、「ゆらぎ」の意識的な導入と活用である。そして、この「ゆらぎ」を導入し活用させる際に留意するべきことは、世界の進化にとって「好ましいゆらぎ」とは何かであり、これを判断する「洞察力」と「直観力」である。

すなわち、世界（生命）を望ましい状態へと変化させるためには、まず、その生命的プロセスの持つ「自己組織化」のダイナミックス、特に「自己組織化と進化の未来は開放系である」ということを深く理解することが重要である。

そして、想像力と創造力を尽くして豊かな「未来ビジョン」を描くとともに、現在の世界における「ゆらぎ」を意識的に増大させ、「自己組織化」を促進するという方法が用いられるわけである。

例えば、いま我々が直面している地球環境問題の解決においても、こうした新しいパラダイムにもとづく視点の転換が求められている。

これまで、環境問題は「科学技術」の発達によって解決できるという発想のもとに、我が国においては公害問題が深刻化した一九六〇年代から七〇年代にかけて「環境工学」という学問領域が発展してきた。

この「環境工学」において頻繁に用いられた用語は「環境制御」という用語であり、文字通り、環境を工学的手段によって「制御」することにより環境問題の解決を図ろうとしたわけである。

しかし、現在我々が直面している地球環境問題は、単なる工学的手段のみによっては解決することができないほどに深刻な問題となっており、問題の抜本的な解決のためには「社会システムの改革」や「ライフスタイルの変革」こそが求められている。しかし、社会システムやライフスタイルを「設計」したり「制御」したりすることは極めて困難であり、むしろ社会システムの内部の「ゆらぎ」を増大させることにより、望ましい変化を「自己組織化」させるという発想が求められる。

具体的には、「環境規制」という「ゆらぎ」を社会システムに導入することにより、企業における「環境監査」などの行動を自己組織的に促進する方法や、「環境コスト」(社会的費用)という「ゆらぎ」を市場システムに導入することにより、人々の「環境に優しい商品の選択」などの行動を自己組織的に促進する方法など、「自己組織化」の視点による問題解決、社会変革の方法が、これからは重要になってゆく。

(4)「連続的な進歩」から「不連続の進化」へ

パラダイム転換の第四の特徴は、世界の連続的かつ漸次的な変化を求める「進歩」の視点から、世界の不連続かつ根底的な変容を実現する「進化」の視点への転換である。

機械論パラダイムにおいては、世界の変化は、機械が改良されてゆくような「連続的な進歩」のプロセスとして捉えられてきた。これに対して生命論パラダイムにおいては、世界の変化は、「連続的な進歩」だけでなく、卵から雛が孵化《ふか》するような「不連続な進化」を遂げるプロセスとして捉えられる。

例えば、経営論において、近年、「リエンジニアリング」や「ゼロ・ベースの改革」などの言葉がしばしば見受けられる。これらは、企業にとって、これまでの「連続的な改善による進歩」によっては解決不可能な経営課題が山積していることを反映しており、現在の急激な経営環境の変化は、各企業に対して「抜本的改革による不連続な進化」を求めているからに他ならない。

しかし、この際、誤ってはならないのは、壊れた機械を壊して、まったく新しい機械を作り直すという「機械論パラダイム」の発想にもとづく企業改革論に陥らないことである。

ここで言う「不連続」とは、あくまでも自己組織化のプロセスにおける「進化」の性質を述べている。この時代に求められているのは、「リエンジニアリング」（再構築）ではなく、むしろ「インキュベーション」（孵化）の発想である。すなわち、あたかも「卵から雛を孵《かえ》す」ごとく、あくまでも自己組織化のプロセスを促進することによって、「不連続な進化」を実現していく発想である。

そして、こうした「不連続な進化」を論じる際に深く留意するべきことは、イリヤ・プリゴジンが散逸構造理論において述べている洞察である。

彼は述べている。「進化の未来は予測できない」と。

すなわち、「進化」のプロセスによって新しく創出される「構造」と「秩序」が、いかなるものとなるかは、まったく予測できないのである。

先にも述べたように、生命論パラダイムにおいては、「未来」は客観的に予測可能なものではなく、あくまでも「可能性の未来」「開放系の未来」として我々の前に横たわっている。その意味で、歴史や社会の「未来予測」は大きな意味を持ち得ないのである。

むしろ重要なことは、どの様な「未来ビジョン」を求めて進むかである。

すなわち、想像力と創造力を駆使して豊かな「未来ビジョン」を描き、このビジョンを実現するための人為的努力を尽くすことによってのみ、「ゆらぎ」と「自己組織化」のプロセスが促進され、社会や企業の「進化」を促していくことが可能になるのである。

従って、社会や企業の「進化」を論ずる時、我々に求められているのは、分析や予測といった「受動的行為」ではない。

求められているのは、いかなる「未来」を実現するべきかを力強く描き出すことであり、そのビジョンを実現するための「積極的行動」である。

そして、こうした「ビジョン」にもとづく「積極的行動」によってのみ、社会や企業における「ゆらぎ」と「自己組織化」のプロセスを促進し、「進化」を進めてゆくことができるのである。

(5)「要素還元主義」から「全包括主義」へ

パラダイム転換の第五の特徴は、世界を「要素」に分割・還元し、分析する「要素還元主義」(reductionism)から、世界を「全体性」において理解する「全包括主義」(wholism)への視点の転換である。

機械論パラダイムにおいては、世界を認識するために、まず世界を分割し、分割された要素を個別に分析し、その後、これらの諸要素の分析結果を総合するという方法を用いる。

この要素還元主義は、対象の本質に迫る方法として有効な方法であることは疑いないが、問題となるのは、「対象を分割するたびに何かが見失われる」という点である。

もし世界が〝巨大な機械〟であるならば、一度分解したものを再度組み立てても、そこには元のままの対象が復元されるが、もし世界が生命的プロセスであるならば、一度分割したものを再び集めても、元のみずみずしい「生命像」は復元され得ない。

それでは、この「生命的プロセス」としての世界の本質と全体像を、「分割」によって何かを失うことなく、全包括的に理解・把握するためには、どのような方法を採れば良いのだろうか。

もとより、「全包括主義における世界認識の方法とは何か？」という問題は、その本来の性格からして言語的・論理的に明確化することは困難な問題であるが、敢えて語るならば、大きく次の三つの方法がある。

第一の方法は、「コスモロジー原理」にもとづく方法である。

この方法は、「世界に〝対立〟は無く、総ての〝認識〟は真理である」という世界観にもとづき、対象の本質と全体像に到達する方法である。

すなわち、この方法においては、世界を認識するに際して、「二元論」「二項対立」によって世界の「分割」を固定化することを避け、相対立するように見える「要素」をも同時に、一つの「世界観」の中に受容・包摂してゆく方法である。

換言すれば、要素還元主義における世界認識の方法の欠点は、世界をロゴスにより二元論的に分割し、整理してゆくことである。こうした世界認識は、必然的に、二項対立を生みだし、世界に関する一面的な見方と価値観の対立を生みだしてしまう。

これに対して、「コスモロジー原理」にもとづく世界認識の方法は、ロゴスによって二元論的かつ二項対立的に分割された要素のうち、一方を絶対化し、他方を排除することなく、相対立するように見える要素の双方を、一つの「コスモロジー」（意味の宇宙）の中に同時に受容・包摂してゆく方法である。

こうした方法を採ることにより、分割された要素どうしが、互いに一方の深層を照らし出し、相対立するように見える要素の間に、さらに深いレベルでの統一が存在することが浮かび上がってくる。これは、視点を変えれば、「正」「反」「合」という認識の深化のプロセスをたどる、「弁証法」的な方法であるとも言える。

このように、世界における多様な諸要素を、いずれを排除することもなく受容・包摂する「コスモロジー原理」は、全包括主義における世界認識の特徴であると言えるが、これに対して、ロゴスにより世界を二項対立的要素に分割し、一方の要素を絶対化し、他方の要素を排除し続ける「イデオロギー原理」は、要素還元主義における世界認識の特徴であると言える。

全包括主義における世界認識の第二の方法は、「フィールドワーク原理」にもとづく方法である。この方法は、「世界の〝真理〟はフィールドに存在する」という世界観にもとづき、「フィールド」（実際の現場）における対象の生きた姿に直接的に係わり、体験し、体感することにより、対象の本質と全体像を把握する方法である。

こうした方法は、現代においては、中村雄二郎により「臨床の知」（fieldwork knowing）と命名された方法でもあるが、古来、東洋思想においては「体得」などの言葉で強調されてきた「直接的体験」に立脚した認識手法である。

第三の方法は、「メタファー原理」にもとづく方法である。この方法は、「世界は真理の〝メタファー〟である」という世界観にもとづき、世界を構成する諸現象に含まれる「メタファー」（隠喩）を洞察することにより、世界の本質と全体像を認識する方法である。

こうした「メタファー原理」にもとづく知の獲得方法としては、例えば、山岡鉄舟の「晴れて良し曇りても良し富士の山、元の姿は変わらざりけり」の歌などに象徴される、隠喩による知の「表現方法」があり、また、「禅の公案」などに代表される、隠喩による知の「伝達方法」がある。

また、ユング心理学における「夢分析」や「シンクロニシティ」（共時性）などの考え方の基底にある「象徴」や「物語」などの概念も、この「メタファー原理」による知の獲得方法であると言える。

しかし、この全包括主義における「コスモロジー原理」「フィールドワーク原理」「メタファー原理」という世界認識の三つの方法は、従来の要素還元主義による世界認識の方法に代替するものではなく、これらの方法と互いに補完しあうことによって、より高次の認識、深層の認識へと我々を導くものである。

(6)「フォーカスの視点」から「エコロジカルな視点」へ

パラダイム転換の第六の特徴は、世界を構成する部分の「詳細」に注目する「フォーカスの視点」から、世界全体の「関係」へ視野を広げる「エコロジカルな視点」への転換である。この視点の転換は、先に述べた「コスモロジー原理」による知の獲得方法としても重要である。

機械論パラダイムにおいては、その認識方法である要素還元主義の本質から、対象を「要素」に分割し、分割された対象に対して個別に焦点を当てて分析してゆくという

「フォーカスの視点」が重視されてきた。しかし、生命論パラダイムにおいては、逆に、対象を「全体像」として把握し、さらに対象の周辺へと視野を広げるとともに、対象の深層へと視野を深めてゆく「エコロジカルな視点」が重視される。

要素還元主義は、その言葉通り、世界を「要素」に分割することを出発点とする。そして、この「分割」によって見失われるのは、まず、対象とする要素が周辺の要素との間で取り結ぶ、豊かな「関係性のネットワーク」である。そして、これら対象と周辺（環境）との間の「関係性のネットワーク」を、一つの「生態系」として理解する視点が、「エコロジカル（生態学的）な視点」に他ならない。この「関係性のネットワーク」を理解することは、例えば、現在人類が直面している地球環境問題を解決するためにも、極めて重要な課題となっている。

また、「エコロジカルな視点」は、先に述べた「コスモロジー原理」による認識方法としても重要である。すなわち、ある「意味レベル」において無関係に見える要素の間にも、より深い「意味レベル」での関係が存在することがあり、この「意味の関係性」を把握するためには、対象の深層へと視野を掘り下げてゆく「ディープ・エコロジカルな視点」が求められる。

こうした「ディープ・エコロジー」の発想によってこそ、多様性と多層性を持つ諸要素によって構成される世界の姿が、一つの豊かな「コスモロジー」（意味の宇宙）として理解され得るのである。

例えば、高齢化社会における老人問題など、現代社会の直面する諸課題は、単に政治制度、経済システム、社会政策などの改革のみによっては解決し得ない課題であり、人々の「こころ」の問題や、人々にとっての「意味と価値」の問題に係わることなくして解決し得ない課題である。そのことを考えるならば、こうした「ディープ・エコロジカルな視点」の重要性は、今後、ますます高まってゆくと思われる。

(7)「他者としての世界」から「自己を含む世界」へ

パラダイム転換の第七の特徴は、世界を「他者」として見る一方向的な視点から、世界を「自己」をも含んだものとして見る双方向的な視点への転換である。この視点の転換は、先に述べた「フィールドワーク原理」による知の獲得方法としても重要である。

機械論パラダイムにおいては、「世界を認識する主体（自己）は、世界から独立した存在であり、従って、世界の客観的な認識が可能である」ということが認識の前提となっている。

しかし、こうした「客観性の前提」は、現代物理学においてさえも、量子力学におけるハイゼンベルグの「不確定性原理」の発見によって崩壊しており、観測者と観測対象との相互作用を抜きにして観測行為は成立しないということは、自然科学においてさえも認めざるを得ない認識論の前提となっている。

また、こうした「主客一体の前提」は、例えば、社会科学の分野においても、選挙予測が選挙結果に影響を与えるという「アナウンス効果」などの例を通じて、広く認められつつある。

このように「主客一体の前提」は、機械論パラダイムにおける「客観的認識」という「幻想」を打ち砕きつつある。世界が「自己」と関係の無い「他者」ではなく、あくまでも「自己」を含んだ世界である限り、厳密な意味での「客観的認識」は不可能であり、「客観的予測」や「客観的評価」という言葉には本質的な限界がある。

これに対して、生命論パラダイムにおいては、生きた対象との主体的な係わりによってのみ、対象に関する認識を深化させることができると考える「フィールドワーク原理」が重視される。世界をより深く認識するためにも、「他者としての世界」から「自己を含む世界」への視点の転換を行い、客観的予測や客観的評価という「幻想」に安易に依存するのではなく、主体的意志を伴った主観的期待や主観的判断にもとづく世界への働きかけを行ってゆくことの重要性が再認識されつつある。

(8)「制約条件としての世界」から「世界との共進化」へ

パラダイム転換の第八の特徴は、世界を自己に与えられた「制約条件」と見る視点から、世界と自己との「共進化」を求める視点への転換である。

機械論パラダイムにおいては、「主体」にとっての「世界」は、一つの「環境」であり「制約条件」である。従って、「主体」が行動を選択するとき、この制約条件のもとでの最適の行動を選択してゆくという発想が支配的であった。

一方、生命論パラダイムにおいては、「主体」と「世界」は、互いに働きかけあう関係として理解される。すなわち、「世界」の変化が「主体」の変化を促すだけでなく、「主体」の変化が「世界」の変化に影響を与えるという「相互作用」のプロセスの存在が重視されるのである。

さらに、「主体」は自分自身が進化するだけでなく、「世界」との相互作用のプロセスを通じて「世界」の進化をも促進し、両者はこうした連係的プロセスを経て「共進化」(co-evolution)を遂げてゆく。そして、「主体」の進化が「世界」の進化を加速し、「世界」の進化が「主体」の進化を加速する「ハイパー・サイクル」によって、この「共進化」は一層加速されてゆくことになる。

こうした「共進化」のプロセスは、例えば、国家政策の領域においては、中央官庁による政府主導プロジェクトと産業の育成などに例を見ることができる。すなわち、政府の産業政策が産業の育成を促進し、育成された産業の発展が、逆に政府の産業政策の加速を要求するプロセスが生じるわけである。

また、企業経営の領域においても、「系列化」などの問題に、この例を見ることができる。すなわち、大企業が関連企業を「系列企業」として育成することにより競争力を強化し、強化された競争力が関連企業の「系列化」を促進し、強化するというプロセスが発生するわけである。

これらの国家政策や企業経営に見られるダイナミズムは、この「主体と世界の共進化プロセス」の格好の例であると言える。

(9)「性能・効率による評価」から「意味・価値による評価」へ

パラダイム転換の第九の特徴は、世界を「性能や効率」により評価する視点から、世界を「意味や価値」により評価する視点への転換である。

機械論パラダイムにおいては、世界を〝巨大な機械〟と見ることから、世界を評価する際には、機械の「性能」や「効率」を論じることが基本的な発想となる。

これに対して、生命論パラダイムにおいては、世界を「生命的プロセス」と見ることから、世界を「性能」や「効率」のみによって評価するのではなく、むしろ「意味」や「価値」という視点によって評価する。

こうした視点の転換は、例えば、社会学の領域においては、高度消費社会となった我国における消費者のニーズの変化として現れている。すなわち、成熟した消費社会において、消費者は、商品を、その性能や機能の相違によって選択するのではなく、商品に付随する意味や価値を選択する傾向が強まっている。例えば、マーケティングの分野においても「物語マーケティング」という言葉がしばしば使われるが、テーマ・パークがブームとなり、キャラクターグッズやブランド商品が流行するように、「意味性」「物語性」の強い商品が消費者から選好される傾向が強まっているのである。

また、現代の消費社会においては、「癒《いや》しとしての消費」という言葉が用いられるように、消費者は他者との「差異化」を通じてアイデンティティ欠如の「癒し」を無意識に求めており、こうした「差異化ニーズ」の充足を求めて消費行動を取る傾向が強くなっている。

また、こうした視点の転換は、経営学の領域においても生じている。従来、ビジネススクールの教育においては、企業を「収益」といった単一尺度で評価し、経営における「効率」の追求が中心的な課題とされてきた。しかし、このビジネススクールにおいても、近年、企業における「価値」の問題を重視する経営理論が創造されつつある。

こうした経営理論が求められる理由は、企業を一つの〝生命体〟と見なすならば、この生命体の統一性と生命力を維持してゆくためには、企業理念という「価値」や企業の社会的存在としての「意味」を明確に掲げ、企業で働く人々の「こころ」の充足を図ってゆくことが不可欠の経営課題となっているからに他ならない。

⑽「言語による知の伝達」から「非言語による知の伝達」へ

パラダイム転換の第一〇の特徴は、世界を「言語」により認識し、「言語」による知の伝達を重視する視点から、世界を「非言語」により認識し、「非言語」による知の伝達を重視する視点への転換である。この視点の転換は、先に述べた「メタファー原理」による知の獲得方法としても重要である。

機械論パラダイムにおいて前提となっているのは、習得された知は「言語」によって伝達可能であるとの基本認識である。しかし、ルートヴィヒ・ヴィトゲンシュタインは『論理哲学論考』において、「哲学は、語られ得るものを明らかに叙述することによって、語られ得ぬものを意味することがあるであろう」と述べ、マイケル・ポラニーは『暗黙知の次元』において、「我々は言語で語り得ることより、多くのことを知ることができる」と述べている。

これらの言葉に象徴されるように、機械論パラダイムによる知の領域が広がれば広がるほど、我々は逆に「言語」によっては表現することのできない知の領域が、さらに広大な領域として存在していることに気づかざるを得ないのである。

こうした「言語」によっては表現することのできない知の領域については、ポラニーが『暗黙知の次元』において述べており、また、禅の世界において伝えられる「不立文字《ふりゅうもんじ》」の精神も、こうした知の領域へのアプローチの方法を述べていると言える。

従って、より成熟した「知のパラダイム」としての生命論パラダイムにおいては、従来の機械論パラダイムにおいて重視されてきた「言語の知」だけでなく、これら「非言語の知（non-linguistic knowing）」や「暗黙の知（tacit knowing）」と言われる知の領域を重視することが求められる。

また、この「非言語の知」の一つとして「身体性の知」が挙げられる。「身体性の知」とは、古来、「眼耳鼻舌身意」と呼ばれる、視覚、聴覚、嗅覚、味覚、皮膚感覚などの「五感」によって知覚され、光、色彩、形態、音、音色、リズム、香り、匂い、味、などの「イメージ」によって伝達される知の領域を意味している。これらは、五感と表層意識によって明確に把握される知の領域であるにもかかわらず、これらを言語化することが困難であるため、「非言語の知」の一つに位置づけることができる。

一方、これに対して、こうした五感と表層意識によって明確に把握され得る知の領域ではなく、五感を通じた「共通感覚」、五感を超えた「第六感」、そして「深層意識」と「集合意識」によって把握され得る知の領域も存在する。

すなわち、「非言語の知」としては、さらに「深層意識の知」や「集合意識の知」が存在するのである。このうち深層意識の知は、フロイト的な潜在意識の世界に関わる知の領域を意味している。一方、「集合意識の知」は、人々の集団や人間社会が共通に有する知の領域を意味している。

また、この知の領域は、古くは神話やお伽話などのメタファー（隠喩）を通じて人々が暗黙に共有している知の領域や、吉本隆明が『共同幻想論』などにおいて論じた、人々の間で幻想的に形成される知の領域などを含む。

そして、これら「深層意識の知」と「集合意識の知」がクロスオーバーする知の領域として、ユング的な「集合的無意識」による知の領域が存在していると考えられる。

　この集合的無意識という知の領域については、いまだ十分に明らかにされていないが、近年、「トランスパーソナル心理学」などの潮流において、東洋宗教と西洋心理学との交流を通じた研究が深められつつあり、従来、闇に閉ざされていた世界にも知の光が当てられつつある。

　こうした、言語によって記述できない知の領域に関連して注目するべきは、近年の、バイオ・フィードバック技術やサブリミナル技術の進歩である。

「バイオ・フィードバック技術」に関しては、カール・サイモントンらの「ガンのセルフ・コントロール」が注目される。この研究は、ガンの治療に深層心理的療法を積極的に適用し、ガンの治癒に一定の効果を挙げたものである。この例に見られる様に、現代医学の分野においても、「深層意識の知」を活かした新しい治療法に注目が集められている。

　また、「サブリミナル技術」に関しては、ウイルソン・ブライアン・キイが『メディア・セックス』『メディア・レイプ』などの著作において指摘している影響と効果が注目される。この研究は、人々の無意識に強い影響を与えるサブリミナル技術が、近年のメディア技術の発達と結びつくことにより、社会の集合的無意識に大きな影響を与える可能性に警鐘を鳴らしている。高度情報化社会を迎え、社会病理の観点からも、こうした領域における研究を積極的に進めていくことが必要になっている。

以上に述べた一〇の視点の転換が、機械論パラダイムから生命論パラダイムへのパラダイム転換の特徴である。

二一世紀の知の潮流——生命論パラダイム

目前に迫った二一世紀は、はたして、いかなる世紀となるのだろうか。

何を予測しても不確かな未来の中で、確実なことは、我々人類が、人口爆発、食糧不足、資源枯渇、エネルギー危機、環境汚染、といった地球規模の諸問題、すなわち「グローバル・プロブレム」に直面していくことである。そして、我が国は、世界有数の先進国として成熟社会の諸問題、すなわち「フロンティア・プロブレム」にも、より深刻な形で直面していくことである。

こうした二一世紀を迎えるために、いま、我々がなすべきことは何だろうか。

いま、なすべきことは、対症療法的な発想にもとづき、さまざまな技術的解決策を検討し続けることではない。いま、変革されるべきは、何よりも、我々が永く持ち続けてきた「価値観」であり、「世界観」であり、「知のパラダイム」なのではないだろうか。

いま我々が直面している諸問題と危機の深刻さを考えるならば、こうした「知のパラダイム」の転換を抜きにしては、いかなる技術的解決策も有効性を持ち得ないように思われる。

機械論パラダイムから生命論パラダイムへと「知のパラダイム」を転換してゆくことの重要性。それは、近年、知の諸領域において、ますます強い認識となってきている。

そして、これら知の諸領域において、「知のパラダイム」の転換を促し、「生命論パラダイム」を、さらに大きな知の潮流へと発展させていくためには、何よりも、我々の中に眠る無限の想像力を解放し、新しい知の創造を、勇気を持って進めていくことが求められている。

そして、我々の中の無限の想像力を解放するために必要なことは、生命論パラダイムそのものについてではなく、むしろ、生命論パラダイムの「彼方」にやってくるものに思いをめぐらせることかもしれない。

我々は「機械論パラダイムの時代」を超え「生命論パラダイムの時代」を迎えつつある。

では、問おうではないか。

その「彼方」には、何がやってくるのか、と。

最も進化した「複雑系」としての「経営」――旧版あとがき

「複雑系の経営」という書名を見て、違和感を覚えられる読者が多いかもしれない。

そもそも、「複雑系」という言葉は、創発、カオス、人工生命などとともに、いま現代科学の最新の用語であり、「知」の最先端のキーワードなのである。それが、なぜ「経営」という古色蒼然としたキーワードと一つになるのか?

それが、違和感を覚える読者の印象ではないだろうか。

また、「複雑系の経営」という書名を見て、期待感を持つ読者も多いかもしれない。

現代科学の最先端の「複雑系」という理論を、「経営」に応用することにより、何か、まったく新しい企業経営の手法や企業革新の手法が生まれるのではないか?

それが、期待感を覚える読者の印象ではないだろうか。


しかし、著者は、これらの読者に、率直に申し上げたい。

「複雑系の経営」という書名をつけた著者の主旨は、その対極にある。

そもそも、時代の最先端を走っているのは「経営」であり、「現代科学」は、その歩みを遅れて追いかけているに過ぎない。それが著者の認識である。

それは、本書の中でも述べた「進化」の意味を考えるならば、理解できることである。

この宇宙が誕生して一六〇億年。その大半を費やして、原初の物質が、壮大な「物質進化」を遂げ、「生命」を生みだした。次いで、その「生命」が、悠久の年月をかけて、「生命進化」を進め、遂に「人間」を生み出した。そして、その「人間」が、永い年月をかけて創り出したのが「現代文明」であり「現代社会」である。さらに、その「文明」や「社会」にも、いま、「進化」が生じ続けているのである。

もし、このことを理解するならば、「経営」とは、その最先端にある「現代社会」が生み出した、最も先端的な「人間の営み」であることが理解できるだろう。すなわち、「経営」というものは、この壮大な「進化」の最先端に位置するものなのである。

そして、これもやはり本書の中で述べたが、「複雑系」とは「進化系」とでも呼ぶべきものであり、時の流れとともに、複雑化し、新しい性質を獲得し、進化していく存在である。それゆえ、進化の階梯の最先端に位置する「経営」とは、最も進化した「複雑系」に他ならない。

これに対して、現代科学における「複雑系」の研究は、いまだ、物質、生命、生態系のレベルにおける「複雑系」の振る舞いと、その進化の様相のごく一部を理解しつつあるに過ぎない。すなわち、いま、「複雑系」の研究者達は、進化の階梯の前段に位置する「複雑系」の性質の、ごく一部を解き明かしつつあるに過ぎないのである。そして、もし仮に、物質や生命のレベルの「複雑系」の性質を解明できたとしても、その性質は、社会や企業や人間のレベルの「複雑系」の性質とは、大きく異なったものである。

いま、経営者は、「経営」という最も進化した「複雑系」に取り組み、格闘し、日々、それをさらに進化させていくための「智恵」を、まさに「臨床の知」として獲得し続けている。

もとより、「複雑系」の研究者達が〝発見〟したと考える真理、たとえば「カオスの縁」の哲学的意味などは、「生命は精妙なバランスのうえに存在している」という言葉で、古くから洞察されている智恵である。そして、経営者は、「企業」という〝生き物〟を環境に適応させ、進化させていくために、その「精妙なバランス」を、頭で理解するのではなく、まさに体得し続けている。それゆえ、本書は、現代科学の最先端の「複雑系」という理論を、「経営」に応用することを試みたものではない。

試みたことは、その逆である。

本書は、「経営」の世界に古くからある智恵によって、現在の「複雑系」というキーワードを読み解こうとした試みなのである。そして、その試みによって伝えようとしたメッセージは、まえがきに述べた。

いま、経営者こそが「知」を語るべき時代なのである。

著者のメッセージは、その一点にある。

謝辞

まず、一九九七年に、本書の旧版『複雑系の経営』を上梓して頂いた東洋経済新報社と同編集者の清末真司氏に感謝します。

そして、この新版『まず、世界観を変えよ』を上梓して頂いた英治出版と同社社長の原田英治氏、同編集者の高野達成氏に感謝します。

「世界を変えるためには、まず、世界観を変えなければならない」との著者の思想と「出版を通じて社会を変えていこう」とのお二人の思いが出会い、深く共鳴し、一〇年の歳月を超えて、この書をふたたび世に出しました。

この書の出版という「小さなゆらぎ」が、いま、閉塞感に満ちたこの社会の「大きな変革」につながることを、心より願っています。

また、ソフィアバンクのパートナー、藤沢久美さんに、感謝します。
二一世紀に求められる「機械論パラダイム」から「生命論パラダイム」への転換。
そのパラダイム転換を通じて社会変革をめざす、シンクタンク・ソフィアバンク。
このグローバル・ネットワーク・シンクタンクも、誕生から一〇年を迎えました。

そして、いつものように温かく執筆を見守ってくれた家族、
須美子、誓野、友に感謝します。
その無言の励ましが、いつも大きな支えになっています。

最後に、すでに他界した父母に、この書を捧げます。
お二人の遺した夢と祈りが、この書を世に出しました。

二〇一〇年一月
田坂広志

［主要著書］

思想と哲学を語る

『深き思索　静かな気づき』（PHP 研究所）
『自分であり続けるために』（PHP 研究所）
『生命論パラダイムの時代』（ダイヤモンド社）
『複雑系の知』（講談社）
『ガイアの思想』（生産性出版）
『未来を予見する「五つの法則」』（光文社）
『使える弁証法』（東洋経済新報社）
『こころの生態系』（講談社）
『こころのマネジメント』（東洋経済新報社）

仕事と人生を語る

『仕事の思想』（単行本／文庫本：PHP 研究所）
『なぜ、働くのか』（単行本／文庫本：PHP 研究所）
『仕事の報酬とは何か』（単行本／文庫本：PHP 研究所）
『人生の成功とは何か』（PHP 研究所）
『これから働き方はどう変わるのか』（ダイヤモンド社）
『なぜ、時間を生かせないのか』（PHP 研究所）
『未来を拓く君たちへ』（単行本：くもん出版／文庫本：PHP 研究所）
『知的プロフェッショナルへの戦略』（講談社）
『プロフェッショナル進化論』（PHP 研究所）

社会と市場を語る

『目に見えない資本主義』（東洋経済新報社）
『これから何が起こるのか』（PHP 研究所）
『これから知識社会で何が起こるのか』（東洋経済新報社）
『これから日本市場で何が起こるのか』（東洋経済新報社）
『これから市場戦略はどう変わるのか』（ダイヤモンド社）
『まず、戦略思考を変えよ』（ダイヤモンド社）

企業と経営を語る

『複雑系の経営』（東洋経済新報社）
『暗黙知の経営』（徳間書店）
『なぜ、我々はマネジメントの道を歩むのか』（PHP 研究所）
『なぜマネジメントが壁に突き当たるのか』（東洋経済新報社）
『経営者が語るべき「言霊」とは何か』（東洋経済新報社）
『意思決定　12 の心得』（単行本：生産性出版／文庫本：PHP 研究所）
『企画力』『営業力』（ダイヤモンド社）
『なぜ日本企業では情報共有が進まないのか』（東洋経済新報社）

［著者略歴］

田坂広志（たさか　ひろし）

1951年生まれ。1974年、東京大学工学部卒業。
1981年、東京大学大学院修了。工学博士。同年民間企業入社。
1987年、米国のシンクタンク、バテル記念研究所客員研究員。
同時に、米国のパシフィック・ノースウェスト国立研究所客員研究員も務める。
1990年、日本総合研究所の設立に参画。民間主導による新産業創造をめざす
「産業インキュベーション」のビジョンと戦略を掲げ、
10年間に異業種企業702社とともに20のコンソーシアムを設立・運営。
異業種連合の手法により数々のベンチャー企業と新事業を育成する。
取締役・創発戦略センター所長等を歴任。現在、日本総合研究所フェロー。
1999年、ボストンに本拠を置く、ニューイングランド複雑系研究所
（New England Complex Systems Institute : NECSI）のファカルティに就任。
2000年4月、多摩大学大学院教授に就任。社会起業家論や社会的企業論を開講。
2000年6月、社会起業家の育成と支援を通じて社会システムのパラダイム転換をめざす、
グローバル・ネットワーク・シンクタンク、ソフィアバンクを設立。代表に就任。
2003年、ソフィアバンクの下に、社会起業家フォーラムを設立。代表に就任。
現在、全国から数多くの社会起業家が集まり、諸分野での社会変革に取り組んでいる。
2005年、米国のJapan Societyより、“US-Japan Innovators”に選ばれる。
2008年、ダボス会議を主催する世界経済フォーラム（The World Economic Forum）の
The Global Agenda Councilのメンバーに選ばれる。
一方、国内においては、政府の産業構造審議会を始め、各種委員会の
メンバーやアドバイザーを務め、また、様々な企業の社外取締役や顧問を務めている。
また、1993年より執筆活動を始め、現在、50冊を超える著書を上梓しているが、
その多くは、韓国、中国、台湾など、アジア各国でも翻訳出版され、
若者たちへの人生論、『未来を拓く君たちへ』は、英語とスペイン語で翻訳され、
弁証法的思考による未来ビジョン、『未来を予見する『五つの法則』』や
資本主義の未来を語った『目に見えない資本主義』は、英語で翻訳出版され、
世界の多くの人々に読まれている。
現在、こうした著作の執筆と同時に、世界各国での講演活動を行っている。

著者へのご意見やご感想は、下記の個人アドレスにお送りください。
メールアドレス　tasaka@hiroshitasaka.jp
著者のメッセージ・メール「風の便り」の送付を希望される方は、
下記のアドレスから、「未来からの風フォーラム」にご参加ください。
サイトアドレス　http://www.hiroshitasaka.jp
著者の講演や講義をお聴きになりたい方は、下記のアドレスから、
「ソフィアバンク・ラジオ・ステーション」をお聴きください。
サイトアドレス　http://www.sophiabank.co.jp
著者のツイッターは、@hiroshitasakaです。

● 英治出版からのお知らせ

本書は、1997年に東洋経済新報社から発行された『複雑系の経営』を改題し、加筆・修正したものです。

本書に関するご意見・ご感想を E-mail（editor@eijipress.co.jp）で受け付けています。たくさんのメールをお待ちしています。

まず、世界観を変えよ
複雑系のマネジメント

発行日	2010年 2月10日　第1版　第1刷
著者	田坂広志（たさか・ひろし）
発行人	原田英治
発行	英治出版株式会社
	〒150-0022 東京都渋谷区恵比寿南1-9-12 ピトレスクビル4F
	電話　03-5773-0193　　FAX　03-5773-0194
	http://www.eijipress.co.jp/
プロデューサー	高野達成
スタッフ	原田涼子　鬼頭穣　大西美穂　岩田大志　藤竹賢一郎
	デビッド・スターン　山下智也　杉崎真名
	百瀬沙穂　渡邉美紀　仁科絵利子　垣内麻由美
印刷・製本	大日本印刷株式会社
装丁	英治出版デザイン室

Copyright © 2010 Hiroshi Tasaka

ISBN978-4-86276-074-6　C0034　Printed in Japan

本書の無断複写（コピー）は、著作権法上の例外を除き、著作権侵害となります。
乱丁・落丁本は着払いにてお送りください。お取り替えいたします。